King ne oferă o argumentație pasionată și convingătoare în apărarea predicării lui Hristos din Vechiul Testament, dar ea este chiar mai bună, pentru că el explică și felul în care Îl putem propovădui pe Hristos din Vechiul Testament. Predicatorii sunt ocupați și le este dificil să-și găsească timp ca să citească încă o carte. Cu toate acestea, cartea lui King este succintă și extraordinar de clară. Te îndemn să o citești! - **THOMAS R. SCHREINER,** profesor James Buchanan Harrison de interpretarea Noului Testament, decan asociat, The Southern Baptist Theological Seminary, Louisville, KY

Această scurtă carte poartă în ea semnele unei lucrări îndelungi de pregătire. Faptul că este succintă se datorează anilor de predicare credincioasă și ideilor atente despre predicare. Ea este clară, la obiect și ideală pentru lectură între predici. Vei găsi în ea un ghid pentru predicarea autentică a lui Hristos din Vechiul Testament, alături de un avertisment împotriva abordării ei înguste, pripite sau leneșe. Ambele sunt necesare. David King a domesticit mișcările de pendul ale moralismului și ale predicării unei evanghelii superficiale, și ne îndeamnă să îi ajutăm pe credincioșii cărora le slujim să Îl vadă pe Hristos și să nu „scoată textul din context" sau să se piardă în detaliile pasajului. Să predicăm o sfințenie mai liberă și o libertate mai sfântă. Aveți aici o invitație și un ghid accesibil în călătoria predicării întregii Biblii către întreaga biserică pentru o întreagă viață. - **DAVID MATHIS,** director executiv și învățător senior, desiringGod.org; păstor, Cities Church, Saint Paul; autor, *Obiceiurile harului. Cum să te bucuri în Isus prin disciplinele spirituale*

Acest manual practic umple un gol ce trebuia umplut de mult timp în ce privește discuțiile recente despre predicarea cristocentrică. El ne oferă o abordare hermeneutică cristocentrică robustă, convingătoare și echilibrată, ce nu umbrește natura esențială a Dumnezeului Triunic ca Tatăl, Fiul și Duhul Sfânt. - **JACOB M. PRATT**, profesor asistent de Noul Testament și hermeneutică, Southeastern Baptist Theological Seminary

David King este un păstor experimentat, un predicator competent. Cartea de față este expresia unui păstor care se adresează păstorilor folosind limbajul unui păstor. Fiecare păstor care predică și dă învățătură va primi prin ea gânduri profunde și sfaturi practice, care fac legătura dintre mesajul celor două testamente. El arată corect că legătura dintre testamente nu este ca și cum un șablon s-ar potrivi tuturor situațiilor, ci ea presupune abordări diferite de interpretare, potrivite fiecărui fel specific de pasaje din Vechiul Testament. El arată cum se poate ajunge la predicarea lui Hristos din Vechiul Testament fără sacrificarea mesajului original, din contextul istoric și teologic al Vechiului Testament. Învățăturile din această carte sunt prezentate simplu și explicate clar. Fiind un manual pentru predicarea lui Hristos din Vechiul Testament, el va avea o contribuție însemnată în încercarea fiecărui predicator de a soluționa această chestiune critică din viața de predicator. - **KENNETH A. MATHEWS**, profesor de teologie, Vechiul Testament, Beeson Divinity School

Cartea de față ne oferă o strategie corectă prin care trecem de la *citirea* Bibliei evreiești la *propovăduirea* Vechiului Testament ca 39 de cărți care ni-L revelează pe Isus ca Hristosul. Cei aflați în căutarea unui mijloc pentru *discernerea* lui Hristos pe fiecare pagină a Scripturii și pentru *propovăduirea* domniei Lui din toată Legea și Prorocii, vor găsi în această carte o abordare teologică și metodologică solidă. Predicatorii Evangheliei se vor bucura de această carte. - **ERIC C. REDMOND**, profesor, Moody Bible Institute

Urmând modelul lui Isus din Luca 24, păstorul David King ne arată cum să predicăm Vechiul Testament având constant în vedere Persoana și lucrarea lui Hristos. Ca un păstor înțelept, King ne arată de ce trebuie să predicăm din Vechiul Testament și cum să facem acest lucru. De asemenea, el îl ajută pe cititor să înțeleagă problemele pe care să le evite în predicarea Vechiului Testament, ca și beneficiile care derivă din predicarea acestei părți din Sfânta Scriptură. Le voi dărui multora exemplare ale acestei cărți, cu speranța că vom putea satura bisericile din toate țările cu vestea bună revelată din întreaga Scriptură. - **TONY MERIDA**, păstor cu predicarea, Imago Dei Church, Raleigh, NC; decan la Grimké Seminary; autor, *The Christ-Centered Expositor*

Cel puțin pentru evanghelici, predicarea din secolul 21 a manifestat un interes proaspăt pentru predicarea lui Hristos din întreaga Biblie. Ceea ce David King face în acest manual este să le ofere păstorilor o metodă unitară în această practică, şi să facă bine acest lucru. Folosind lucrarea bună a altora, el ne oferă învăţături solide şi o abordare simplă, astfel încât să predicăm bine. Această carte îi va ajuta pe mulţi predicatori. - **DAVID HELM**, păstor senior, Christ Church Chicago; preşedinte, The Charles Simeon Trust

David King le-a făcut un dar predicatorilor prin această carte. Ea este suficient de cuprinzătoare pentru a fi convingătoare şi suficient de clară ca să fie pusă în practică. Aceasta este o carte deopotrivă uşor de citit şi utilă pentru predicatori şi pentru membrii obişnuiţi din biserici. King este onest în ce priveşte propriile eşecuri de a-L predica pe Hristos din Vechiul Testament. Astfel, el vine înaintea cititorilor ca un practicant care s-a pocăit, venind în ajutorul acelora care, sperăm, vor deveni asemenea lui în sarcina serioasă şi surprinzătoare a predicării creştine. King răspândeşte exemple practice în întreaga carte, care demonstreaza cum trebuie făcută legătura în predicare de la pasajele din Vechiul Testament la Evanghelie, ajutându-l pe cititor să înţeleagă cum funcţionează acest lucru în predicare. El vorbeşte despre posibilele probleme, cum ar fi înţelegerea simplistă sau săracă a felului cum să îndeplinim această lucrare, şi cum să le evităm, aşa încât predicarea să fie mai bună, nu doar diferită. Ca un predicator căruia îi pasă mult de etică, eu am fost încurajat în special de insistenţa lui King de a ne avertiza să nu facem legăturile la Evanghelie pentru a eradica, ci pentru a încuraja ucenicia în ascultare de Dumnezeu. - **JEREMY MEEKS**, director, The Chicago Course on Preaching; gazda emisiunii *Preachers Talk*

Creştinii sunt oamenii unei sigure cărţi, dar ei uită uneori că Biblia pe care o iubesc are două testamente. Cei care predică pot să se situeze, la rândul lor, de o singură parte, preferând să rămână alipiţi de peisajul mai familiar al Noului Testament, ignorându-l pe cel al Vechiului Testament. Altora li se pare greu să le împace pe cele două, aşa că predicile lor din Vechiul Testament fie fac legături deficitare la Isus Hristos, fie Îl ignoră cu totul. În această carte, David M. King oferă sfaturi concise şi utile care vin în ajutorul tău, ca să Îl poţi să predica pe Hristos din Vechiul Testament. El te va convinge de nevoia de a face acest lucru şi îţi va arăta cum să îl începi. Recomand cu mare căldură această carte. - **JOHN KOESSLER,** editor general al *The Moody Handbook of Preaching* şi autor, *Folly, Grace, and Power: The Mysterious Act of Preaching*

Cartea aceasta este o resursă excelentă pentru toţi păstorii! Dacă nu eşti sigur cum să Îl predici pe Hristos din Vechiul Testament, David King te va ajuta să vezi de ce este necesar acest lucru, de ce este valoros pentru cei pe care îi slujeşti, şi de ce poţi să îl practici. Dacă eşti deja convins că ar trebui să Îl predici pe Hristos din Vechiul Testament, King îţi va oferi un ghid foarte accesibil prin care să atingi acest ţel într-un fel consecvent şi credincios. Apoi aceasta este o carte pentru predicatori, scrisă de un predicator şi păstor cu experienţă. Empatia lui faţă de cei implicaţi în această sarcină importanta este clară, astfel că el ajunge la inima acestei chestiuni într-o manieră practică. De asemenea, inima lui pastorală reiese din conţinutul cărţii, ghidându-l pe orice păstor să îngrijească turma cu multă credincioşie, propovăduindu-L pe Hristos din întreaga Biblie. Aceasta poate fi cea mai utilă carte pe care o citeşti anul acesta. - **RAY VAN NESTE,** decan al şcolii de teologie şi misiune, Union University

Deşi în această perioadă se spun şi se scriu multe lucruri despre predicarea lui Hristos din întreaga Scriptură, nu există prea multe lucruri oferite care să ne înveţe mai precis şi cum să facem acest lucru. Noi, predicatorii, avem nevoie de ajutor, iar cartea lui David King ne oferă o cale clară înainte. Obiectivul cărţii, anunţat de la început, este acela de a ne oferi o metodologie simplă şi practică. Calitatea unei cărţi se măsoară prin valoarea obiectivului ei şi prin eficienţa cu care îl atinge. Cartea lui King este excelentă în ambele aspecte. Deşi cineva şi-ar putea dori să ocrotească importanţa în predicare a forţei doxologice şi etice a Scripturii, King ne aduce aminte că este periculos, chiar un eşec în responsabilitatea noastră, dacă predicăm separat de Cuvântul atotcuprinzător al lui Hristos. - **MIKE BULLMORE**, păstor senior, CrossWay Community Church, Bristol, WI; membru fondator al The Gospel Coalition

Predica ta din Vechiul Testament
are nevoie de mântuire

DAVID M. KING

PREDICA TA DIN VECHIUL TESTAMENT ARE NEVOIE DE MÂNTUIRE

UN MANUAL PENTRU PREDICAREA LUI HRISTOS DIN VECHIUL TESTAMENT

MAGNA GRATIA

PREDICA TA DIN VECHIUL TESTAMENT ARE NEVOIE DE MÂNTUIRE. UN MANUAL PENTRU PREDICAREA LUI HRISTOS DIN VECHIUL TESTAMENT

David M. King

You Old Testament Sermon Needs To Get Saved. A Handbook for Preaching Christ from the Old Testament

Copyright © 2021 David M. King

Published by Moody Publishers

820 N. LaSalle Boulevard

Chicago, IL 60610, U.S.A.

All rights reserved.

O parte a materialului din capitolul 6 conține aspecte publicate anterior pe pagina de internet 9Marks.org, sub titlul "How (Not) to Preach the Pentateuch" (David King), 31 Martie 2020.

Oferite la început prin mulțimi de căruțe cu coviltir, trase de cai, cărțile publicate la prețuri avantajoase de editura lui D. L. Moody au fost o resursă bogată pentru biserică și le-au slujit oamenilor simpli. După peste 125 de ani de lucrare editorială, misiunea editurii Moody Publishers rămâne neschimbată – chiar dacă felul în care aducem cărțile înaintea cititorilor s-a schimbat întrucâtva. Pentru mai multe informații despre alte cărți (și resurse) scrise dintr-o perspectivă biblică, intrați pe www.moodypublishers.com sau scrieți-ne la adresa de mai sus.

Tradus și publicat cu permisiune. Editura MAGNA GRATIA nu susține în mod necesar toate punctele de vedere ale autorilor pe care îi traduce și/sau publică.

Dacă nu este precizat altfel în text, citatele biblice sunt preluate din Biblia Cornilescu, ediția revizuită. Drepturi de autor British and Foreign Bible Society (BFBS) și Societatea Biblică Interconfesională din România (SBIR) 1924, 2016. Folosit cu permisiune. Referințele biblice notate cu NTR sunt preluate din Biblia, Noua Traducere Românească (NTR). Copyright 2007, 2010, 2016 de Biblica Inc. Toate drepturile sunt rezervate. Folosit cu permisiune. Referințele biblice notate cu SBB sunt preluate din Biblia Societății Biblice Britanice, ediția 1921. Preluat cu permisiune.

Toate sublinierile făcute textului biblic au fost alese de autor.

Design copertă: Erik M. Peterson, MAGNA GRATIA.

9Marks ISBN: 978-1-958168-00-4

Respectați condițiile de utilizare a acestui fișier www.magnagratia.org/copyright.html

Editura MAGNA GRATIA

Str. Liliacului nr.26,

Dascălu-Ilfov 077075

Email: contact@magnagratia.org

Internet: www.magnagratia.org

*Lui Sidney, Graeme și Bryan, care au fost printre primii
ce au luat înțelegerea mea fragmentată asupra Bibliei și
mi-au dat-o înapoi arătându-mi mesajul ei unic*

CUPRINS

INTRODUCERE

Piatra din pantof

Ce predicator căpos ar eșua să observe abordarea cristocentrică a lui Isus însuși asupra Scripturilor? Cine ar fi atât de obtuz încât să interpreteze Biblia ignorând felul cum apostolii s-au alipit de ea, propovăduindu-L pe Isus ca Hristosul?

IATĂ-MĂ!

Eu eram acel predicator căpos. Vreme de aproape zece ani din lucrarea mea pastorală, L-am neglijat pe Isus în predicarea mea din Vechiul Testament. Neglijența mea nu era intenționată. În fapt, eu îmi încheiam deseori predicile din Vechiul Testament vorbind despre Isus, simțind nevoia de a-L predica pe Hristos chiar și atunci când pasajul biblic nu părea să aibă ceva de-a face cu El. Dar nu aveam ochi să văd natura cristocentrică a Vechiului Testament.

Apoi, într-o zi, un bătrân înțelept mi-a pus o piatră în pantof. Într-un moment anume, spunea el, trebuie să îți pui următoarea întrebare: „Cum afectează centralitatea lui Isus Hristos modalitatea în care mânuiesc pasajele biblice? Dacă un musulman sau un evreu serios ar fi satisfăcuți cu interpretarea pe care o dau Vechiului Testament, ar putea fi acea interpretare cu adevărat una creştină?"[1] Întrebarea m-a tulburat. Nu puteam să o ignor. Mi-am dat seama că predicarea lui Hristos din Vechiul Testament trebuia tratată la nivel hermeneutic, nu doar la cel omiletic. Era clar că Isus avea ceva de-a face cu textul în sine! De aceea, nu mai era de ajuns să explic pasajul separat de Hristos, doar ataşându-L la finalul predicii mele.

Mulţi predicatori creştini s-au trezit cu aceeaşi piatră în pantofi. Ei au simţit forţa logică a întrebării despre cristocentrism şi au concluzionat că predicarea lui Hristos din Vechiul Testament este necesară. Cu toate acestea, calea înainte este neclară. Intenţiile bune nu conduc automat la interpretare sănătoasă.

A face corect acest lucru nu este o banalitate. Dacă predicatorul eşuează să interpreteze şi să aplice Vechiul Testament în lumina lui Hristos, predicarea lui din Vechiul Testament va fi, inevitabil, una sub-creştină. Practic vorbind, el Îl poate înălţa pe Dumnezeu, poate încuraja credinţa şi trăirea sfântă, dar să facă acest lucru fără vreo legătură explicită cu Isus şi Evanghelia. O astfel de predică este potrivită pentru sinagogă. Va fi un mesaj potrivit pentru o moschee. Mai important, predicatorul îi va împiedica pe cei care îl aud să folosească singurul mijloc de acces la

---

[1] Haddon W. Robinson, *Biblical Preaching: The Development and Delivery of Expository Messages*, 2nd ed. (Grand Rapids: Baker, 2001), p. 32. Deşi Robinson ridică problema cristocentricităţii în predicare, el nu dezvoltă ideea.

Dumnezeu. Iertarea păcatelor de către Dumnezeu, puterea Lui pentru ascultare și prezența Lui prin Duhul Sfânt vin doar prin Isus.

Pe de altă parte, dacă un predicator aplică neatent hermeneutica cristocentrică la Vechiul Testament, vor rezulta alte probleme. În zelul lui de a-L predica pe Hristos, poate, din neatenție, să trateze superficial natura triunică a lui Dumnezeu, să răstălmăcească Scriptura doar ca să ajungă la Isus cu orice preț, sau să minimizeze implicațiile etice ale pasajului din care predică. În loc să fie sub-creștin, acest fel de predicare este sub-biblic, pentru că ignoră Scriptura ca literatură inspirată.

Biblia nu este doar o operă literară, așa cum se afirmă uneori în universități și la seminariile teologice liberale. Dar Biblia *este* o operă literară. Dumnezeu nu comunică cu noi prin impresii vagi, ci prin cuvinte, fraze și paragrafe. El vorbește inteligibil și precis, folosind pentru aceasta un set frumos de genuri literare. Cu ajutorul Duhului Său, putem înțelege ce este scris. Identificarea naturii literare a revelației lui Dumnezeu îl va păzi pe predicator de neglijarea detaliilor textului din care predică, în efortul lui de a ajunge la Isus.

Așadar, în joc sunt lucruri foarte importante. Indiferent dacă greșeala constă dintr-o interpretare *ne*-cristocentrică sau dacă ea este o interpretare cristocentrică *improprie*, predicatorul fie va încețoșa Evanghelia lui Isus Hristos, fie va submina natura Scripturii. Ambele greşeli sunt inacceptabile. Cei care ne aud predicând au nevoie ca noi să Îl predicăm competent pe Hristos, spre sănătatea lor spirituală. Felul în care vor înţelege Biblia, pe Dumnezeul Triunic şi Evanghelia Lui, alături de viaţa de credinţă pe care o vor trăi, vor fi modelate spre bine sau spre rău de cât de sănătoasă va fi abordarea noastră. Dacă vrem să predicăm Vechiul Testament ca text scriptural creştin, haideţi să învăţăm să facem bine acest lucru.

Cu asta se ocupă această scurtă carte. *Predica ta din Vechiul Testament are nevoie de mântuire* este un manual practic pentru predicarea lui Hristos din Vechiul Testament. Mare parte din literatura publicată pe acest subiect poate fi încadrată în una din următoarele trei categorii: (1) cărţi academice voluminoase, multe dintre ele având tendinţa de a fi mai mult teorie decât practică; (2) cărţi generale pe tema predicării, care vin cu sugestii despre predicarea cristocentrică, dar fără a formula o metodă cuprinzătoare; şi (3) cărţi de studiu – de exemplu comentarii biblice, cărţi de teologie biblică, ghiduri de studiu biblic, al căror scop este să ofere mai degrabă rodul interpretării cristocentrice decât să explice rădăcina acesteia.

Toate aceste resurse sunt valoroase. Multe dintre ele sunt deosebite. Cu toate acestea, rămâne nevoia unui ghid simplu şi practic pentru predicarea lui Hristos din Vechiul

Testament. Acesta este scopul meu în această carte. Ceea ce vei citi pe paginile care urmează este abordarea cristocentrică asupra Vechiului Testament care mi-a ghidat predicarea și lucrarea de dare de învățătură în a doua decadă a lucrării mele pastorale. Aceasta este o abordare comprehensivă, țesută extrăgând lucrurile valoroase din cele mai bune abordări hermeneutice ale altora. Este o aplicare practică a teologiei biblice care m-a echipat ca să Îl predic pe Hristos din fiecare parte a Legii, a Prorocilor și a cărților biblice de înțelepciune. Dorința mea este ca păstorii cu program aglomerat să beneficieze de pe urma a ceea ce eu cred că este o abordare hermeneutică sănătoasă și directă.

Deși mă adresez aici păstorilor, abordarea hermeneutică pe care o ofer îi va fi utilă oricui îi învață pe alții din Vechiul Testament. De aceea, dacă sunteți învățători de școală duminicală sau lideri de grupuri de studiu biblic, simțiți-vă bineveniți! Când vă întâlniți în această carte cu termeni precum „predică" și „predicare", tot ce aveți nevoie este să îi transpuneți în contextul propriu în care dați învățătură, și nu veți avea probleme să înțelegeți ce vreau să spun.

Înainte de a începe, mă simt nevoit să fac mai multe precizări importante, cu rol clarificator. În primul rând, această carte nu afirmă că Vechiul Testament este în genere cristocentric. Mai degrabă, abordarea hermeneutică pe care o susțin survine dintr-o convingere că fiecare iotă din Vechiul

Testament a fost împlinită în Hristos. De aceea, nu este doar justificabil, ci esențial să interpretăm fiecare detaliu în lumina lui Hristos. Există unii care nu sunt de acord cu ceea ce am afirmat aici. Deși ei sunt de acord că Vechiul Testament are de-a face cu Hristos, ei pun sub semnul întrebării validitatea faptului că el ar fi atât de profund cristocentric. În prima parte, voi căuta să arăt de ce scepticismul lor este greșit întemeiat.

În al doilea rând, abordarea hermeneutică pe care o susțin se focalizează pe predicarea Hristosului *întrupat*, adică pe Omul numit Isus. Da, Hristosul pre-întrupat poate fi prezent neîndoielnic în Vechiul Testament ca Logosul etern, Îngerul Domnului, Domnul oștirilor sau Înțelepciunea lui Dumnezeu. Dar, așa cum susține Sidney Greidanus, „toate aceste așa-zise soluții ocolesc problema reală a predicării lui Hristos din Vechiul Testament. Potrivit Noului Testament, predicarea lui Hristos înseamnă predicarea lui Isus din Nazaret ca apogeul revelării de Sine a lui Dumnezeu".[2] Biblic vorbind, a-L predica pe Hristos înseamnă să Îl predicăm pe *Isus* Hristos. Obiectivul meu în partea a doua a cărții este să ofer o abordare hermeneutică simplă în acest sens. Cu alte cuvinte, partea a doua constituie inima cărții mele.

În al treilea rând, eu folosesc termenul „Hristos" într-

---

[2] Sidney Greidanus, "The Necessity of Preaching Christ Also from Old Testament Texts," *Calvin Theological Journal* 34, no. 1 (1999): 191.

un sens plin de încărcătură. Tehnic vorbind, „Hristos" este un titlu al lui Isus, nu un nume. El se referă la calitatea lui Isus de Unsul, Mesia şi Împăratul. Cu toate acestea, oarecum pe scurt, eu folosesc termenul „Hristos" şi cu referire la totalitatea vieţii şi lucrării lui Isus. De aceea, când eu spun „Hristos", mă refer la Hristosul, care este Isus; mă refer la Hristosul care a murit pe cruce şi care a înviat a treia zi ca jertfă substitutivă pentru păcătoşi; mă refer la Hristosul prin care Împărăţia lui Dumnezeu vine pe pământ. Aceşti termeni nu sunt identici – „Hristos", „Isus", „Evanghelia" şi „Împărăţia" – fiecare putând fi analizat potrivit sensului specific. Dar eu îi voi folosi interschimbabil, astfel că oricare dintre ei îi înglobează pe ceilalţi. Astfel, când vorbesc despre predicarea lui Hristos din Vechiul Testament, vorbesc despre predicarea Vechiului Testament în lumina lui Isus, a Evangheliei şi a Împărăţiei inaugurate prin venirea Lui în lume. Dacă termenul „Hristos" ar fi asemănat unui tren de marfă, ar trebui să vi-l imaginaţi mergând pe şine purtând în vagoanele lui cea mai grea încărcătură posibilă.

În ultima parte a cărţii mele, o să risc presupunând că primele două părţi au fost convingătoare. Ai fost convins să Îl predici pe Hristos din Vechiul Testament, astfel că eşti dornic şi echipat să Îl înalţi pe Isus din fiecare pasaj al Vechiului Testament. Acum, fii atent! Vei dori să eviţi diversele probleme tipice predicării expozitive cristocentrice. Totuşi, mergi înainte având în minte aceste avertismente! Există multe beneficii de care să te bucuri odată ce începi să Îl predici pe Isus din primele două treimi ale Bibliei.

Fie ca Dumnezeu să găsească plăcere în mântuirea celor pierduți și în întărirea celor mântuiți atunci când Îl vei predica pe Hristos din Vechiul Testament! Indiferent dacă predici din Lege, din Proroci sau din cărțile biblice de înțelepciune, fie ca biserica pe care o slujești să înflorească în maturitate creștină. Având acest țel înaintea noastră, trebuie să începem asigurându-ne că avem convingeri cristocentrice corecte. Trebuie să fim convinși de necesitatea predicării fiecărui pasaj din Vechiul Testament în lumina lui Isus și a Evangheliei.

Trebuie să ne ocupăm de piatra din pantofii noștri.

Partea întâi.

De ce să Îl predicăm pe Hristos din Vechiul Testament?

1

NEVOIA EXEGETICĂ

Adam, păstorul bisericii, predică despre legământul Domnului cu David, din 2 Samuel 7. El a studiat pasajul biblic cu atenție. În timp ce predică, el aduce detalii despre contextul istoric și cultural al întâmplării cu David, și face aceasta într-un fel în care pare că îi transportă înapoi în istorie pe cei ce îl aud, până la acel moment. El explică intenția lui David de a zidi o casă pentru Domnul. El ilustrează creativ felul în care David trebuie să se fi simțit când prorocul Natan s-a întors la el cu un „nu" din partea lui Dumnezeu. El subliniază făgăduința uimitoare pe care Domnul i-a făcut-o lui David, anume că, în loc ca David să zidească o casă pentru Dumnezeu, Dumnezeu avea să zidească o casă pentru David. Adam parcurge alături de congregație întreg episodul, scenă după scenă, subliniind ceea ce pasajul biblic ne învață despre Dumnezeu și despre om. Pe parcursul mesajului său, el îndeamnă biserica să se încreadă în Domnul.

Pare că aceasta este o predică excelentă, nu-i așa?

Evident, predica este lăudabilă pentru că este călăuzită

de pasajul biblic, este centrată pe Dumnezeu și încurajează credința. Dar dincolo de aceste trăsături de dorit, nu ar trebui să spunem despre ea că este excelentă. În cel mai fericit caz, predica lui este deficitară; în cel mai rău caz, este un eșec. De ce? Nu din cauza a ceea ce păstorul nostru, Adam, a spus, ci a ceea ce nu a spus. Adam a neglijat interpretarea și aplicarea textului în lumina lui Isus. Evanghelia nu a fost prezentă, iar predica a sugerat că oamenii ar fi putut să se raporteze la Dumnezeul din 2 Samuel 7 fără Hristos.

Din întreaga Scriptură a Vechiului Testament, 2 Samuel 7 pare să fie un teren foarte fertil pentru predicarea lui Hristos. Nu este ca și cum legătura dintre legământul davidic și Isus ar fi neclară. Dacă ești familiarizat cu Biblia, îți poți da seama cât de ușor este să trasezi o linie de legătură între făgăduința făcută lui David și împlinirea ei în Hristos. Dar păstorul nostru, Adam, nu a trasat nicio linie. Probabil că el a crezut că linia era atât de evidentă, încât nu era *nevoie* să o mai traseze. Și poate că ești de acord cu asta.

Că veni vorba, această predică nu este inventată. Am auzit-o eu însumi. Am schimbat numele predicatorului pentru că eu cred în Regula de Aur! Și am ales numele Adam, pentru că predica putea fi a oricui altcuiva. Eu însumi am predicat multe mesaje de felul acesta. Așa că, da, am chiar acum o piatră în mână, dar nu ca s-o arunc spre cineva, ci mai degrabă, așa cum am spus în capitolul introductiv, să o pun în pantoful tuturor păstorilor de acest fel.

Ce poți spune despre tine? Crezi că nu este necesar să Îl predici pe Hristos în fiecare predică, atât timp cât predici fidel textului și îi încurajezi pe oameni să aibă încredere în Dumnezeu?

PENTRU CEI CARE NU SUNT CONVINȘI

Nucleul acestui manual ține de metodologia practică. Vreau să îi ajut pe păstori să știe *cum* să Îl predice pe Hristos din Vechiul Testament. Dar înainte de a trece la aceasta, trebuie să începem cu motivul. Dacă ești deja convins din Scriptură de necesitatea predicării lui Hristos din textul biblic, simte-te liber să treci în fugă sau chiar să sari peste aceste prime două capitole, și să mergi la părțile a doua și a treia ale cărții. Dar dacă nu ești convins de asta – dacă tu crezi că predica lui Adam, păstorul nostru, a fost una bună – atunci continuă să citești aici.

Este vital să te întrebi *de ce* ar trebui să Îl predici pe Hristos din Vechiul Testament. Nu ai nevoie doar de o metodă, ci și de motivul pentru care să o folosești. Nu ai nevoie doar de un proces, ci și de un scop. Dacă există ceva ce ar trebui să caracterizeze predicarea lui Hristos de către tine, aceasta ar trebui să fie convingerea. Predicatorul ar trebui să se simtă ca și cum *trebuie* să Îl înalțe pe Isus. El ar trebui să simtă că, asemenea lui Petru și Ioan, nu „poate să nu vorbească" despre El (F.A. 4:20).

Dă-mi voie să îți arăt cum am ajuns eu să cred acest lucru.

CHEIA PRIN CARE TREBUIE INTERPRETAT TOTUL

Vom începe printr-o mărturisire simplă, dar cuprinzătoare: *Isus este Domn*. Cântărește pentru o clipă greutatea acestei propoziții formată din doar trei cuvinte. Ar putea exista vreun argument mai convingător pentru predicarea lui Hristos din Vechiul Testament? Dacă Isus este Domn, atunci El este Domn peste Vechiul Testament – și Domn și peste predicile noastre din Vechiul Testament.

Dar unii predicatori nu au recunoscut domnia lui Hristos peste procesul de interpretare a Scripturii. De aceea, cu excepția predicării lui Hristos din profețiile mesianice evidente, ei cercetează Vechiul Testament în principal în căutarea adevărurilor teologice, a principiilor spirituale și a aplicațiilor practice. Ai nevoie de o predică pentru părinți? Deuteronom 6 va rezolva problema. Vrei să te adresezi liderilor? Regii din Iuda și Israel îți pot oferi anumite lecții privind conducerea. Trece biserica ta printr-un proiect de construcție? Neemia este cartea la care să mergi. Vrei să predici pe tema finanțelor sau a comunicării? Ia în considerare cartea Proverbelor.

Nu vreau să spun prin asta că Vechiul Testament ar fi lipsit de dimensiunea practică utilă vieții creștine. Dimpotrivă, Vechiul Testament este inspirat de Dumnezeu ca să ne echipeze pentru fiecare lucrare bună în Hristos (2 Tim. 3:15-17). Dar prea mulți predicatori nu fac niciun efort să înțeleagă legătura dintre pasajul din care predică și Persoana și lucrarea lui Isus. Textul biblic le slujește unui scop utilitarist, nu unuia cristologic. Exprimat în termeni simpli, aceste predici din Vechiul Testament au nevoie de mântuire.

Eu am preluat ideea unei predici mântuite din cartea lui Graeme Goldsworthy, intitulată *Gospel-Centered Hermeneutics*. Dă-mi voie să îți împărtășesc două citate-cheie, și vei înțelege ce vreau să spun când afirm că o predică este „mântuită". În primul citat, Goldsworthy ne cere să facem legătura dintre Biblie, ca adevăr, și Isus, ca Domn:

> Dacă narațiunea biblică este adevărată, Hristos este singurul Mântuitor al omului, neexistând nicio altă cale către Dumnezeu. Dacă ea este adevărată, Isus Hristos este cheia prin care interpretăm fiecare lucru din Univers și, desigur, Biblia este unul dintre acestea. Astfel, El este principiul hermeneutic ce se aplică mai întâi Bibliei ca temelie a cunoașterii, și apoi întregii realități... Persoana și lucrarea lui Isus Hristos sunt fundamentale pentru hermeneutica evanghelică.[1]

Raționamentul „dacă/atunci" al lui Goldsworthy este aducător de lumină. *Dacă* narațiunea Bibliei este adevărată,

---

[1] Graeme Goldsworthy, *Gospel-Centered Hermeneutics: Foundations and Principles of Evangelical Biblical Interpretation* (Downers Grove: IVP, 2006), p. 48.

atunci Isus este singurul Mântuitor şi cheia pentru interpretarea oricărui lucru din Univers, inclusiv a Bibliei. Cu alte cuvinte, nu poţi interpreta corect Scriptura (sau orice parte a realităţii) decât dacă o interpretezi în lumina Persoanei şi a lucrării lui Isus Hristos. Asta vreau să spun când afirm că o predică din Vechiul Testament este mântuită. Indiferent câte lucruri adevărate se pot spune despre un pasaj biblic anume, o predică este irosită atât timp cât Domnul Isus Hristos nu stă în centrul ei.

Exprimat în termeni mai practici, ar trebui să interpretezi fiecare pasaj din Vechiul Testament în acelaşi fel în care interpretezi orice altceva din lume. Creştin fiind, deja te întrebi (sper) cum se aplică adevărul despre Isus Hristos în fiecare situaţie din viaţa ta. Aceasta este întrebarea corectă. Tu ştii prin credinţă, aşa cum spune Goldsworthy, că „Isus Hristos este cheia prin care interpretăm fiecare lucru din Univers". De aceea, când predici din Vechiul Testament, continuă să îţi pui acea întrebare cristocentrică. Trebuie să Îl aduci pe Isus în centrul pasajului.

Al doilea citat din Goldsworthy ne conduce la concluzie: „Dacă Hristos este cu adevărat Domnul şi Mântuitorul nostru, atunci El este Domnul şi Mântuitorul hermeneuticii noastre".[2] Domnul şi Mântuitorul hermeneuticii noastre — oare nu este acesta un gând util? Mântuirea omiletică vine

---

[2] Ibid., p. 19.

prin mântuirea hermeneutică. Odată ce înțelegi domnia lui Hristos în relație cu sensul textului biblic din care predici, predica ta poate fi mântuită.

ARGUMENTUL EXEGETIC

Desigur că ce spun eu *sună* corect. Cine ar fi împotriva punerii tuturor lucrurilor sub domnia lui Hristos? Chestiunea este dacă Biblia ne conduce de fapt către interpretarea proprie într-o astfel de modalitate focalizată pe Isus.

Răspunsul vine atunci când observăm ce spune Isus despre Vechiul Testament și felul cum apostolii Lui au mânuit Vechiul Testament. Când vezi convingerile lor în ce privește interpretarea Scripturii, vei fi convins să îi urmezi, tratând fiecare pasaj din Vechiul Testament prin lentilele Evangheliei. Iată ce învățăm de la Isus și de la apostoli.

În primul rând, fiecare parte din Vechiul Testament – Legea, Prorocii și cărțile înțelepciunii – ne îndreaptă către Isus. Multe dintre aceste săgeți indicatoare către Isus sunt evidente: făgăduințe care conduc la Isus, profeții care vorbesc despre Isus, arhetipuri care constituie umbre ale lucrării lui Isus. Fiecare parte din Vechiul Testament conține unele dintre aceste săgeți indicatoare.

Evanghelia după Luca ne relatează două dintre afirmațiile cele mai cunoscute ale lui Isus despre interpretarea Vechiului Testament. Prima afirmație este făcută în timpul întâlnirii lui Isus cu cei doi bărbați aflați pe drumul către Emaus. Cei doi ucenici mergeau agale discutând între ei despre evenimentele triste ce se petrecuseră la răstignirea lui Isus și despre vestea tulburătoare a unui mormânt gol. În mijlocul discuției lor, se apropie de ei o persoană necunoscută. Evident, acel străin era Isus, dar identitatea Lui a fost ascunsă de ei. Auzind dezamăgirea și văzând confuzia din mintea lor, Isus îi mustră pentru că ezitaseră să creadă ce vestiseră profeții.

Luca ne oferă cuvintele lui Isus: „O, nepricepuților și zăbavnici cu inima, când este vorba să credeți tot ce au spus prorocii! Nu trebuia să sufere Hristosul aceste lucruri, și să intre în slava Sa?" (24:25-26). Luca adaugă apoi următoarea frază-cheie: „Și a început de la Moise și de la toți prorocii, și le-a tâlcuit, în toate Scripturile, ce era cu privire la El" (v. 27). *Moise și prorocii. În toate Scripturile.* Pe drumul către Emaus, Isus a folosit întreg Vechiul Testament ca să le explice ucenicilor ce spunea acesta despre El. Păstrează acest gând în minte în timp ce voi adăuga încă unul.

A doua afirmație relevantă este făcută mai târziu, în acea seară, de data aceasta înaintea unui grup mai mare de ucenici. De această dată, Luca include mai multe detalii, dar putem vedea asemănarea dintre aceste cuvinte și cele spuse de Isus pe drumul către Emaus:

Apoi le-a zis: „Iată ce vă spuneam când încă eram cu

voi, că trebuie să se împlinească tot ce este scris despre
Mine în Legea lui Moise, în Proroci și în Psalmi".
Atunci le-a deschis mintea, ca să înțeleagă Scripturile.
Și le-a zis: „Așa este scris, și așa trebuia să pătimească
Hristos, și să învieze a treia zi dintre cei morți. Și să se
propovăduiască tuturor Neamurilor, în Numele Lui,
pocăința și iertarea păcatelor, începând din Ierusalim"
(Luca 24:44-47).

Referința făcută de Isus la „Legea lui Moise, Proroci și
Psalmi" corespunde celor trei părți majore ale Bibliei ebra-
ice: Legea, Profeții și cărțile înțelepciunii.[3] Isus reiterează aici
ceea ce spusese mai devreme în aceeași zi: întreg Vechiul
Testament vorbește despre El.

Cele două afirmații ale lui Isus clarifică ce anume ar
trebui să presupună abordarea hermeneutică cristocentrică a
Vechiului Testament – și ele sunt mult mai specifice decât
ne-am fi așteptat. Predicarea lui Hristos din Vechiul Testa-
ment nu înseamnă să predici un Hristos *încețoșat*, oferind
indicii vagi despre lucrarea Sa viitoare sau speculând pe mar-
ginea prezenței Sale dinainte de întrupare, într-o circum-
stanță sau alta. Dimpotrivă, noi învățăm de aici că Legea,
Profeții și cărțile înțelepciunii schițează contururile lucrării
pământești a lui Mesia. Ucenicii ar fi trebuit să citească

---

[3] Cartea Psalmilor este prima dintre cărțile de înțelepciune din Biblia ebraică. La fel cum
Isus s-a referit la Moise cu sensul de Lege, este posibil ca El să folosească aici termenul
Psalmi cu referire la cărțile biblice de înțelepciune. Vezi și Anexa B.

aceste Scripturi într-un fel care să îi pregătească pentru cruce, pentru mormântul gol, pentru pocăința și iertarea păcatelor în Numele lui Isus, și pentru includerea Neamurilor în mântuirea Lui (v. 26, 46-47; cf. „după Scripturi" în 1 Cor. 15:3-4). Destul de specific! Pe scurt, a-L predica pe Hristos din Vechiul Testament nu înseamnă nimic altceva decât să proclami Evanghelia lui Isus Hristos.

Sumarizând, Luca 24 pune temelia interpretării tuturor celor trei părți ale Vechiului Testament în lumina lui Isus. Legea, Profeții și cărțile înțelepciunii ne îndreaptă privirile către viața, moartea și învierea lui Hristos, și către lucrarea Lui în beneficiul tuturor popoarelor. Isus interpretează Scriptura în felul acesta, îi mustră pe cei ce nu fac acest lucru și îi iluminează pe ucenicii Lui, așa încât ei să o poată interpreta astfel.

Oare noi, predicatorii, vedem ceea ce Isus vrea să vedem?

Prima idee exegetică este ușor de acceptat când vine vorba de pasaje biblice mesianice *evidente*, precum făgăduința făcută lui Avraam, tipologia mielului pascal sau profeția despre Robul Domnului care urma să sufere. Dar cum rămâne cu pasajele unde nu există niciun indiciu care să ne îndrepte către Isus? Oare este necesar să interpretăm pasajele mai puțin evidente în lumina lui Hristos?

În al doilea rând, pasajele Vechiului Testament care

nu conţin anticiparea explicită a lui Isus sunt parte dintr-un canon al Vechiului Testament care, prin însăşi natura lui, mărturiseşte despre Isus. Şi este vital să înrădăcinăm bine acest adevăr în minţile noastre. În predicarea lui Hristos din Vechiul Testament, ar trebui să ne simţim constrânşi să legăm *fiecare* text biblic de Isus, nu doar pasajele care vorbesc evident despre El.

Ioan 5 ne este de ajutor în această privinţă. Isus fusese acuzat că Se făcea egal cu Dumnezeu, astfel că vrăjmaşii Lui doreau să Îl omoare (v. 18). În replică la aceasta, Isus face apel la mai mulţi martori care adevereau identitatea Lui (cf. Deut. 19:15). Aşa cum vedem în Ioan 5:30-47, aceşti martori erau Ioan Botezătorul, lucrarea lui Isus, Dumnezeu Tatăl, Scriptura şi Moise. Pentru scopurile studiului nostru, mărturia Scripturii este de o importanţă capitală.

Isus face apel la Scripturi – ceea ce noi numim Vechiul Testament – care slujesc ca o mărturie în favoarea identităţii Sale. El îi acuză pe oponenţii Lui că au eşuat să observe mărturia cristocentrică a Vechiului Testament: „[voi] cercetaţi Scripturile, pentru că socotiţi că în ele aveţi viaţa veşnică, dar tocmai ele mărturisesc despre Mine. Şi nu vreţi să veniţi la Mine, ca să aveţi viaţa!" (Ioan 5:39-40). Eşecul oponenţilor lui Isus nu era datorat reticenţei lor de a studia Scriptura. De fapt, ei erau sârguincioşi în studiul Vechiului Testament. Totuşi, cu toată expertiza şi zelul lor, ei au ratat să înţeleagă însăşi natura Scripturii ca o mărturie în favoarea Hristosului întrupat. Dumnezeu nu a intenţionat niciodată ca Vechiul Testament, în sine, să dea viaţa, ci ca el să fie de la bun început un semn indicator către Isus Hristos. Viaţa veşnică, spune Isus, nu se găseşte *în* Scripturi, ci *prin* Scripturi, întrucât ele mărturisesc despre El.

Exprimarea lui Isus de aici, despre natura Scripturilor, sugerează că El avea în vedere mai mult decât doar pasajele mesianice evidente.[4] El pare să spună că Vechiul Testament este profund cristocentric, că însăşi esenţa lui a fost creată avându-L pe El în vedere. Asta înseamnă că, la fel cum firul de aţă alcătuieşte intim fiecare parte a unei ţesături, Scripturile au legătură în întregime cu Isus.[5]

Argumentul lui Isus ne forţează să ajungem la o concluzie inevitabilă: a înţelege Vechiul Testament într-un fel care Îl marginalizează pe Isus sau Îl ignoră cu totul înseamnă să înţelegem greşit Scripturile. Aşa cum ne învaţă Isus, eşecul de a înţelege Vechiul Testament în acest fel nu este doar ceva greşit, ci ceva vrednic de condamnat. Hermeneutica greşită a oponenţilor lui Isus, afirmă El, îi împiedica pe aceştia chiar să aibă mântuirea (Ioan 5:34). Ei nu au viaţa veşnică (v. 40). În ciuda întregii lor cercetări asidue, a studiului lor erudit şi

---

[4] D. A. Carson spune că, în Ioan 5:39, Hristos ne dă „o cheie cuprinzătoare hermeneutic", un fel de cheie pentru înţelegerea întregului Vechi Testament (*The Gospel According to John,* Pillar New Testament Commentary [Grand Rapids: Eerdmans, 1991], p. 263).
[5] Vedeţi Partea a II-a a cărţii, unde am făcut o explicare detaliată a felului în care Hristos împlineşte Vechiul Testament ca întreg.

zelos al Bibliei, oponenții lui Isus ratseră total să vadă esența Scripturii, eșuând să vadă felul în care ea mărturisește despre El.

Eșecul de a folosi o hermeneutică cristocentrică asupra Vechiului Testament este mortal din punct de vedere spiritual. Fie înțelegem Vechiul Testament așa încât să vedem cum ne conduce la Isus și la viața veșnică în El, fie vom înțelege greșit Vechiul Testament, iar o astfel de înțelegere va aduce asupra noastră mustrarea lui Isus. Dumnezeu a inspirat Scripturile așa încât ele să ne conducă, pe noi și pe cei cărora le predicăm, la Hristos. Ca slujitori ai Cuvântului, trebuie să predicăm Scriptura în felul acesta.

În al treilea rând, niciun text din Vechiul Testament nu poate fi interpretat corect fără să înțelegem felul în care el a fost împlinit în Isus. Un alt pasaj relevant și foarte cunoscut, care face legătura între Hristos și Vechiul Testament, se găsește în Evanghelia după Matei. În Predica de pe Munte, Isus spune:

> Să nu credeți că am venit să stric Legea sau Prorocii; am venit nu să stric, ci să împlinesc. Căci adevărat vă spun, câtă vreme nu va trece cerul și pământul, nu va trece o iotă sau o frântură de slovă din Lege, înainte ca să se fi întâmplat toate lucrurile. Așa că, oricine va strica una dintre cele mai mici din aceste porunci, și îi va învăța pe oameni așa, va fi chemat cel mai mic în Împărăția cerurilor; dar oricine le va păzi și îi va învăța pe alții să le păzească, va fi chemat mare în Împărăția

cerurilor. Căci vă spun că, dacă neprihănirea voastră nu va întrece neprihănirea cărturarilor și a Fariseilor, cu niciun chip nu veți intra în Împărăția cerurilor (Matei 5:17-20).

Pe marginea acestui text biblic trebuie să facem mai multe observații-cheie. Pentru început, Isus vorbește despre Vechiul Testament. Referința făcută de Isus la Lege și Profeți (v. 17), și apoi doar la Lege (v. 18), este înțeleasă în mod obișnuit ca și cum ar cuprinde totalitatea Scripturilor ebraice.[6]

Mai apoi, Isus afirmă fără echivoc validitatea continuă a Vechiului Testament. Lucrarea Lui nu este una de abolire (v. 17). Întreaga Scriptură rămâne în vigoare, până la cea mai măruntă iotă a ei, până ce cerul și pământul vor trece (v. 18). Întrucât atenția acordată poruncilor Scripturii îi separă pe cei mai mici de cei mai mari din Împărăție (v. 19), niciun creștin responsabil nu poate trata Vechiul Testament ca și cum ar fi irelevant. Cu toate acestea, nu trebuie să citim Vechiul Testament ca și cum Isus n-ar fi venit, ca și cum Vechiul Testament ar conține strict elemente istorice ebraice, nefiind o carte creștină.

Acest lucru ne conduce la ultima și cea mai importantă observație: Isus așază un stâlp al interpretării biblice

---

[6] Craig Blomberg este în acord cu mai mulți teologi atunci când scrie că Legea și Prorocii, și uneori doar Legea, sunt „modalități ebraice standard de a se referi la întreaga Scriptură ebraică" *Matthew*, The New American Commentary, vol. 22. (Nashville: Broadman, 1992), p. 103.

afirmând că tot Vechiul Testament este împlinit în El. Cu
alte cuvinte, Isus schimbă felul cum citim Vechiul Testa-
ment. Nu doar anumite *părți* din Vechiul Testament, ci *to-
talitatea* lui este împlinită în El! Fiecare iotă din fiecare pasaj
– fiecare iotă și frântură de slovă, așa cum citim în Scriptură
– este împlinită în viața și învățătura Hristosului întrupat.[7]
Limbajul folosi de Isus aici în legătură cu împlinirea trece
evident dincolo de făgăduințele, profețiile și tipologia mesi-
anică evidentă. El include totul!

Ar fi greu să exagerez în vreun fel importanța hermene-
utică a acestui adevăr. Isus este țelul fiecărui detaliu din Biblie.
Asta înseamnă că nu putem înțelege corect niciun pasaj din
Vechiul Testament fără să observăm felul în care el este îm-
plinit în Isus. Fiecare pasaj, fără excepție, necesită o interpre-
tare care Îl implică pe Isus. Craig Blomberg, teolog specializat
în Noul Testament, prezintă clar acest lucru în felul următor:

> Pretenția [lui Isus] are implicații hermeneutice uriașe
> și este o provocare la adresa perspectivei reformate și
> a celei dispensaționaliste deopotrivă. Este incorect să
> spunem fie că nimic din Vechiul Testament nu ni se

---

[7] Există unele discuții legate de sensul termenului „împlini". Matei 5:21-48 susține ideea
că Isus clarifică sensul complet al Vechiului Testament, Isus interpretând Legea într-un fel
care cere neprihănirea interioară, nu doar pe cea exterioară (cf. 5:20). Celelalte utilizări ale
exprimării de acest fel din Evanghelia după Matei vorbesc despre faptul că Vechiul
Testament își găsește împlinirea și finalul în Persoana lui Hristos (1:22; 2:15, 17, 23; 4:14;
8:17; 12:17; 13:35; 21:4; 26:56; 27:9). Dacă luăm în considerare ambele idei, este cel mai
bine să îi dăm termenului „împlini" cel mai complet sens: Isus împlinește Vechiul
Testament prin ceea ce a propovăduit și prin felul cum a trăit.

aplică decât dacă este reafirmat explicit în Noul, sau că tot Vechiul Testament ni se aplică, cu excepția situațiilor abrogate explicit în Noul. Mai degrabă întreg Vechiul Testament rămâne normativ și relevant pentru ucenicii lui Isus (2 Tim 3:16), dar nimic din el nu poate fi interpretat corect decât dacă înțelegem cum a fost el împlinit în Hristos. Fiecare pasaj din Vechiul Testament trebuie privit în lumina Persoanei și lucrării lui Isus, ca și a schimbărilor introduse de noul legământ pe care El l-a inaugurat.[8]

În Matei 5:17-20, Isus ne spune că Scripturile Vechiului Testament sunt aici ca să rămână. Dar ele trebuie înțelese în lumina vieții și a învățăturii Sale. Prin aceasta, Isus nu doar validează, ci face necesară o abordare cristocentrică a fiecărui pasaj din Vechiul Testament.

În al patrulea rând, odată învățați de Isus cum să citească Biblia, apostolii au adoptat o înțelegere profetică atotcuprinzătoare a Vechiului Testament. Pentru a observa că apostolii lui Isus L-au predicat pe Hristos din Vechiul Testament, este nevoie de la fel de multă claritate ca atunci când un copil o alege pe mama lui dintr-o cameră plină de femei. Vechiul Testament a fost *textul biblic* care a servit drept mărturie a apostolilor despre Hristos. Într-un pasaj ce merită citat în întregime, Walter Kaiser observa următoarele:

---

[8] Blomberg, *Matthew*, p. 103-104.

Încă din ziua Cincizecimii (F.A 2:16-36), apostolul
Petru a folosit Vechiul Testament ca să demonstreze
că moartea, îngroparea și învierea lui Isus fuseseră an-
ticipate clar de cei ce au scris Vechiul Testament. Pe-
tru a făcut apel la profetul Ioel (Ioel 2:28-31), la psal-
mist (Ps. 16) și la regele David (2 Sam. 7; Ps. 110) ca
să sublinieze aceste lucruri înainte de apariția oricărei
cărți a Noului Testament. La câteva zile după aceea,
când Petru și Ioan au mers către Templu, el a vindecat
un olog la poarta acestuia (F.A. 3). Această minune a
prilejuit o altă predică a lui Petru, în cadrul căreia el a
făcut din nou referiri directe la Avraam, Isaac și Iacov,
observând felul în care ei ne îndreaptă privirile către „ce
vestise [Dumnezeu] mai înainte prin gura tuturor pro-
rocilor Lui" (F.A. 3:18), anume că Hristos trebuia să
sufere... Acest model de apel făcut la Vechiul Testa-
ment pentru a demonstra că Hristos este Mesia a fost
repetat în cuvântarea lui Ștefan din Faptele Apostolilor
7 și a lui Pavel în sinagoga din Antiohia (F.A. 13)...
Apelul făcut de apostoli a fost îndreptat direct și singu-
lar către textul deja existent al Vechiului Testament.[9]

Putem adăuga multe alte exemple la analiza făcută de
Kaiser, cum ar fi circumstanța în care Pavel a folosit Scrip-
turile ca să explice și să dovedească faptul că Isus este Hris-
tosul (F.A. 17:1-3); sau descrierea făcută credincioșilor din

---

[9] Walter C. Kaiser, Jr., *Preaching and Teaching from the Old Testament* (Grand Rapids:
Baker, 2003), p. 22-23.

Bereea, care cercetau zilnic Scripturile ca să verifice veridici-
tatea mărturiei apostolice despre Isus (17:11); sau ceea ce ni
se spune despre Apolo, care „dovedea din Scripturi că Isus
este Hristosul" (18:28). Pavel însuşi avea să ofere mai târziu
o descriere succintă a predicării apostolice: „Pe El Îl propo-
văduim noi" (Col. 1:28). Apostolii L-au propovăduit pe
Hristos, iar textul pe care ei l-au folosit pentru aceasta era
Vechiul Testament.

Unele calcule rabinice susţin că în Vechiul Testament
ar exista 456 de profeţii despre Mesia sau vremurile mesianice
(probabil că cifra este exagerată).[10] Apostolii au folosit multe
dintre aceste pasaje profetice în propovăduirea lui Isus ca
Hristosul. Comentatorii creştini moderni acceptă de îndată o
astfel de abordare a predicării lui Hristos din Vechiul Testa-
ment. Astfel, suntem într-o companie bună când recunoaş-
tem mărturia profetică a Scripturilor despre Hristos (Matei
26:56; Rom. 1:1-3; 16:25-26; 2 Cor. 1:20; 1 Petru 1:10-12).

Totuşi, ceea ce este întrucâtva uimitor este dimensiu-
nea cuprinzătoare a lentilelor profetice prin care apostolii au
citit Vechiul Testament. Matei ne oferă exemplul clasic al
felului în care el a interpretat fuga lui Isus în Egipt pe când
era copil, în grija lui Iosif şi Maria (Matei 2:13-15). Matei
spune că fuga şi întoarcerea ulterioară avuseseră loc ca îm-
plinire a profeţiei făcută de Osea: „L-am chemat pe Fiul

---

[10] Ibid., p. 20.

Meu din Egipt" (v. 15). Dar când citim cuvintele lui Osea, nu pare deloc evident că Osea profețea. Osea 11:1 pare pur și simplu o referire istorică la Exod: „Când era tânăr Israel, îl iubeam, și l-am chemat pe fiul Meu din Egipt".

Nu ar trebui să fim atât de lipsiți de bunăvoință încât să sugerăm că Matei ar fi înțeles greșit sau ar fi folosit greșit Vechiul Testament. Există o justificare sănătoasă pentru utilizarea lentilelor profetice suficient de largi pentru a vedea în Israel arhetipul lui Hristos. Voi veni în capitolul următor cu justificarea pentru această interpretare, dar nu rata pentru moment ideea de bază: împlinirea Vechiului Testament nu este limitată la profețiile mesianice. Într-un sens legitim, întreg Vechiul Testament întruchipează făgăduința mesianică. Întreg textul se îndreaptă către Hristos.

Odată ce înțelegem acest adevăr, legătura făcută de Matei între Israel și Isus – între „profeția" lui Osea și „împlinirea" ei în întoarcerea lui Isus din Egipt – devine mai puțin fantastică și mai inteligibilă. Desigur, cineva poate să se întrebe cum poate fi explicată cu acuratețe această înțelegere largă a împlinirii profetice, dar ne rămâne adevărul că Hristos poate fi propovăduit din pasajele Vechiului Testament într-o manieră care împinge înainte limitele felului în care înțelegem profețiile din el. Matei nu a greșit cu nimic.

În al cincilea rând, apostolii au încurajat citirea întregului Vechi Testament ca Scriptură creștină. Observația anterioară este un exemplu al felului în care Matei a citit Vechiul Testament având o înțelegere profetică largă a împlinirii lui în Hristos. Observația de față este că Pavel dorește ca și noi să citim Vechiul Testament în același fel.

Experiența mea cu un pasaj binecunoscut despre Vechiul Testament, 2 Timotei 3:15-17, este că oamenii trec în viteză peste prima lui parte, insistând pe ultima parte. Dar observați atent tot ceea ce Pavel îi spune lui Timotei. „Sfintele Scripturi", spune el – ceea ce noi numim Vechiul Testament,

> pot să-ți dea înțelepciunea care duce la mântuire, prin credința în Hristos Isus. Toată Scriptura este insuflată de Dumnezeu și de folos ca să învețe, să mustre, să îndrepte, să dea înțelepciune în neprihănire, pentru ca omul lui Dumnezeu să fie desăvârșit și cu totul destoinic pentru orice lucrare bună (2 Tim. 3:15-17).

Toate aceste versete sunt puse împreună. În fapt, focalizarea pe răscumpărare din prima frază *controlează* aria de cuprindere a celei de-a doua. Pentru a fi un pic provocator, Pavel nu spune că toată Scriptura este de folos ca să ne facă niște *evrei* destoinici. El spune că toată Scriptura este de folos ca să ne facă niște *creștini* destoinici. Și nu trebuie să insinuăm că asta ne spune Pavel, căci aceasta este afirmația lui clară. Sfintele Scripturi, spune el, pot să ne dea înțelepciunea care duce la mântuire, prin credința în Hristos Isus.

Ideea lui Pavel nu ar putea fi mai clară de atât, astfel că nu trebuie să ratăm să îi observăm implicația. Cartea pe care noi o numim Vechiul Testament nu este doar Scriptură ebraică. Ea este Scriptură creștină. Fiecare pasaj al Vechiului Testament este de folos, pentru că îi slujește într-un fel anume poporului lui Dumnezeu, dându-i înțelepciunea care duce la mântuire, prin credința în Hristos Isus. Altfel spus, el ne învață, ne mustră, ne corectează și ne dă înțelepciune în neprihănire, adresându-ni-se ca unor *creștini*; el ne desăvârșește ca niște *creștini*; ne echipează pentru orice lucrare bună ca niște *creștini*. Pavel ne îndeamnă să folosim Vechiul Testament privindu-l drept Scriptură creștină. De aceea, pentru ca predicatorul să propovăduiască Scripturile corect, el trebuie să vadă felul în care fiecare pasaj al Vechiului Testament se raportează la Isus.

O FUNIE PUTERNICĂ

Dacă țesem împreună fiecare fir al acestei argumentații exegetice, predicarea lui Isus Hristos din fiecare pasaj din Vechiul Testament devine o funie care nu poate fi ruptă. Întreg Vechiul Testament – Legea, Profeții și cărțile biblice de înțelepciune – conțin făgăduințe, profeții sau tipologii despre Hristos. Mai mult, pasajele care nu conțin făgăduințe, profeții și tipologii evidente sunt și ele parte dintr-un canon al Vechiului Testament care, prin însăși natura lui, mărturisește despre Hristos. De aceea, așa cum Isus însuşi ne învaţă, niciun pasaj din Vechiul Testament nu poate fi interpretat corect fără să înţelegem felul în care a fost împlinit în El. După ce au învăţat de la Isus cum să citească Scripturile în felul acesta, apostolii şi-au însuşit o înţelegere profetică largă asupra Vechiului Testament, şi i-au încurajat pe sfinţi să citească Vechiul Testament ca Scriptură creştină.

Sper că simţi forţa acestui argument. Nu trebuie să te bazezi exclusiv pe Noul Testament ca să predici despre Isus, despre Evanghelie, despre mântuire şi despre ucenicie. Ai la dispoziţie întreaga Biblie. De aceea, începe să-L înalţi pe Hristos şi să îi înveţi pe oameni cum să umble cu El – *în fiecare pasaj pe care îl predici*. Doar trebuie să înţelegi cum să faci acest lucru.

Dar înainte de a trece la metodă, trebuie să adaug ceva la motivaţie. Mai este ceva de spus despre nevoia ca predica ta din Vechiul Testament să fie mântuită.

2

NEVOIA TEOLOGICĂ

Hans Christian Andersen, autor danez din secolul al IX-lea, a scris povestea „Hainele noi ale împăratului". Sunt convins că ai auzit de ea. Este o poveste despre un împărat care avea o dragoste obsesivă pentru haine, și despre doi tâlhari întreprinzători, care i-au vândut o haină „magică", una despre care pretindeau că poate fi văzută doar de oamenii inteligenți. Împăratul a defilat pompos pe străzi, îmbrăcat în această haină scumpă, care, de fapt, nu exista – astfel că un întreg regat, de la împărat până la ultimul țăran, au fost prea mândri să recunoască faptul că nu vedeau haina. Povestea se încheie cu un copilaș care exclamă: „Dar împăratul n-are haine pe el!"

Oare asta se petrece aici? Oare te încurajez să vezi în Biblie lucruri care nu se află cu adevărat acolo? Poate că o hermeneutică cristocentrică nu are haine.

Unii chiar cred asta. „Isus nu este prezent pe fiecare pagină", spun ei, „și n-ar trebui să pretinzi că este. Nu Îl include forțat pe Hristos în textul în care El nu este prezent". Tu ce crezi? Crezi că există părți ale Vechiului Testament care n-au nimic de-a face cu Isus? Când pasajul din care predici nu conținea o legătură mesianică evidentă, ai fost mulțumit să Îl ții pe Hristos în afara predicii tale?

Poate că n-ai merge chiar până acolo. Poate că *simți* nevoia de a-L predica pe Hristos, chiar și când nu vezi legătura. De aceea, adaugi Evanghelia la predica ta ca parte din apelul de încheiere. Asta a fost practica mea vreme de mai mulți ani. Deși este mai bine să Îl adaugi pe Hristos unei predici decât să fie ignorat cu totul, trebuie să te gândești dacă Tatăl vrea ca Fiul Său să fie propovăduit ca o anexă la o predică, nu ca punctul ei central. Până la încheiere, astfel de predici sunt tocmai potrivite pentru sinagogi.

Sper că nu vei mai avea niciodată o predică potrivită pentru sinagogă. Dacă exegeza nu te-a convins să-L predici pe Hristos din fiecare pasaj al Vechiului Testament, poate că teologia o va face! În cele ce urmează vei găsi cinci aspecte vitale ale teologiei, care ar trebui să te convingă să Îl plasezi pe Hristos în centrul fiecărei predici din Vechiul Testament.[1]

REVELAȚIA PROGRESIVĂ

Faptul că Dumnezeu Se revelează progresiv de-a lungul istoriei este acceptat pe larg între teologi. Edmund Clowney scria:

---

[1] Argumentele exegetice și teologice nu sunt complet separate. Așa cum spunea Darrell Bock, „Exegeza este teologică, iar teologia trebuie să fie exegetică" - "Use of the Old Testament in the New", în *Foundations for Biblical Interpretation,* ed. David S. Dockery, Kenneth A. Mathews și Robert B. Sloan (Nashville: Broadman, 1994), p. 108.

Biblia surprinde revelația dată pe parcursul istoriei. Această revelație nu este dată într-un singur punct, nici sub forma unui dicționar teologic. Ea a fost dată progresiv, întrucât procesul revelației însoțește procesul răscumpărării.[2]

Vreau să nu avem confuzii în legătură cu sensul acestui citat. Revelația progresivă nu are sensul că revelația mai timpurie ar fi inferioară celei mai târzii, nici că revelația târzie ar face-o demodată pe cea timpurie. Nu, ci sensul este că revelația mai târzie este adaugă la revelația mai timpurie. Revelația mai târzie clarifică și împlinește revelația timpurie.

Predicarea lui Hristos din Vechiul Testament depinde de revelația progresivă. Imaginează-ți că am avea două testamente deconectate, care ne transmit două narațiuni fără legătură între ele. Sau imaginează-ți că Noul Testament ar *invalida* Vechiul Testament. Dacă oricare dintre aceste ipoteze ar fi adevărate, n-am avea niciun temei ca să Îl predicăm pe Hristos din Vechiul Testament. Dar, din fericire, tocmai contrariul este adevărat! Vechiul și Noul Testament sunt legate organic prin revelația progresivă a lui Dumnezeu. Astfel, predicarea lui Hristos din Vechiul nu este doar posibilă, ci poate fi făcută judicios și devine chiar obligatorie.

---

[2] Edmund P. Clowney, *Preaching and Biblical Theology* (Grand Rapids: Eerdmans, 1961), p. 15.

Pasajul de început al Epistolei către Evrei atestă revelația progresivă din Scriptură: „După ce le-a vorbit în vechime părinților noștri prin proroci, în multe rânduri și în multe chipuri, Dumnezeu, la sfârșitul acestor zile, ne-a vorbit prin Fiul, pe care L-a pus moștenitor al tuturor lucrurilor, și prin care a făcut și veacurile" (Evrei 1:1-2). Când compozitorii doresc ca un muzician să crească volumul, ei pun un simbol pe portativ, simbol denumit *crescendo*. În Scriptură, volumul crește pe parcursul scrierilor profeților, atingând maximul acestui crescendo în viața, moartea și învierea lui Isus Hristos.

Îmi place felul în care William Lane surprinde acest adevăr. Comentând pe marginea pasajului din Evrei 1:1-2, Lane scrie astfel despre Isus, Fiul lui Dumnezeu:

> Prin El, Dumnezeu ne-a transmis cuvântul Său final și decisiv... Revelarea continuă de Sine a lui Dumnezeu și-a găsit expresia culminantă în revelarea Sa prin Fiul... Mărturia Vechiului Testament a fost în realitate o preumbrire a rostirii cuvântului decisiv și suprem al lui Dumnezeu... Lucrarea profeților a marcat etapa pregătitoare a acesteia... Ceea ce Dumnezeu a spus prin Fiul a clarificat intenția cuvântului spus părinților. Din această perspectivă, revelația adusă de Fiul este tratată ca împlinire.[3]

Ce cascadă splendidă de adjective! Isus este cuvântul

---

[3] William L. Lane, *Hebrews 1–8*, Word Bible Commentary, vol. 47a (Dallas: Word, 1991), p. 10-11.

final, decisiv și suprem pe care Dumnezeu l-a rostit. El este expresia supremă a revelației. El este Fiul căruia profeții I-au pregătit calea și în care Dumnezeu a clarificat făgăduințele date patriarhilor. El este împlinirea întregului curs al istoriei răscumpărării.

Implicația teologică de aici este uriașă. Dacă Hristos este cuvântul final de la Dumnezeu, atunci toate cuvintele anterioare Lui conduc la El. Dacă predicăm acele cuvinte anterioare – acele cuvinte din Vechiul Testament – fără să arătăm împlinirea lor, predicăm o istorie nefinalizată. În sine, Vechiul Testament nu este complet. Nu, ci el este conceput de Dumnezeu să își găsească finalitatea, iar Noul Testament este încheierea acestuia, eliberând tensiunea.

Hai să facem un mic exercițiu. Cum ai răspunde la următoarea întrebare aplicabilă temelor de mai jos:

Cum este/sunt _____ împlinit(e) în Hristos?

- făgăduințele date patriarhilor
- legământul circumciziei
- exodul
- cortul întâlnirii
- sistemul jertfelor
- poruncile pentru sfințenie
- linia regală

- profețiile

- înțelepciunea.

Explicarea unei făgăduințe date patriarhilor sau a legământului circumciziei; jubilarea în răscumpărarea dată de Dumnezeu la exod sau la ridicarea cortului întâlnirii; înțelegerea legilor legate de dietă sau a sistemului jertfelor; explicarea succesiunii regilor sau a mesajelor profeților; explicarea nevoii de înțelepciune – predicarea oricăruia dintre aceste subiecte fără a explica felul în care Hristos le împlinește, este echivalent cu a-i prezenta congregației doar o parte a narațiunii. Este ca și cum am stinge televizorul la un film înainte de punctul lui culminant. Nu face acest lucru!

Niciun pasaj al Vechiului Testament nu constituie cuvântul de final, pentru că Isus Hristos este cuvântul de final. Adevărul revelației progresive are trebui să îl determine pe predicator să prezinte fiecare pasaj din Vechiul Testament în lumina cuvântului de final pe care Dumnezeu l-a rostit.

NOUL LEGĂMÂNT ÎN HRISTOS

Argumentul teologic și mai puternic în favoarea predicării lui Hristos din Vechiul Testament rezidă în stabilirea unui nou legământ de către Dumnezeu. Fiecare predicator trebuie să înțeleagă sensul a ceea ce Dumnezeu face prin legăminte. Dacă ratezi acest lucru, orice predică va fi eronată. Pur și simplu Vechiul Testament nu poate fi predicat corect fără interpretarea lui în lumina noului legământ. Dă-mi voie să explic ce am afirmat, răspunzând la patru întrebări.

În primul rând, ce este un legământ? Exprimat simplu, un legământ este un acord relațional, care detaliază felul în care cele două părți ale lui se raportează reciproc. În general, acordul implică obligații din partea uneia sau a ambelor părți. În Vechiul Testament, Îl vedem pe Dumnezeu inițiind, în harul Lui, legăminte cu Adam, Noe, Avraam, Israel și David. Sunt prezentate și alte legăminte, dar acestea ies în evidență ca având o semnificație deosebită în istoria răscumpărării.

În al doilea rând, ce legătură există între principalele legăminte din Biblie? Dacă istoria răscumpărării ar fi un râu, legămintele ar fi malurile lui. Lucrarea răscumpărătoare a lui Dumnezeu curge prin istorie printr-o albie formată din legăminte. Cu alte cuvinte, legămintele formează structura cadru a întregii narațiuni biblice. Ele sunt, așa cum se exprimau Peter Gentry și Stephen Wellum, „coloana vertebrală a narațiunii biblice"[4].

În al treilea rând, ce anume este descoperit în, în jurul și prin legămintele lui Dumnezeu? Narațiunea legămintelor este narațiunea Împărăției lui Dumnezeu pe pământ. Ea începe cu adevărul creației bune, peste care Adam și Eva sunt

---

[4] Peter J. Gentry și Stephen J. Wellum, *Kingdom Through Covenant* (Wheaton: Crossway, 2012), p. 138. Tabelul intitulat „Contururile istoriei răscumpărării" este adaptat după tabelul 4.1 din lucrarea lor (p. 135).

aşezaţi ca vice-regenţi ai lui Dumnezeu. Tragic, totuşi, Adam şi Eva păcătuiesc împotriva lui Dumnezeu, aducând blestemul Lui asupra lumii. Cu toate acestea, în bunătatea Lui, Dumnezeu făgăduieşte să distrugă răul şi să răscumpere cosmosul căzut în păcat. Dumnezeu avea să trimită un nou Stăpân în lume, prin sămânţa femeii.

CONTURURILE ISTORIEI RĂSCUMPĂRĂRII	
PRINCIPALELE LEGĂMINTE	**PRINCIPALELE PASAJE BIBLICE**
Legământul cu Adam	Geneza 1-3 (cf. Osea 6:7)
Legământul cu Noe	Geneza 6-9
Legământul cu Avraam	Geneza 12, 15, 17
Legământul cu Israel	Exod 19:3b-8
Legământul cu David	2 Samuel 7; Psalmul 89
Noul Legământ	Ieremia 31-34; Ezechiel 34-39

Restul istoriei decurge din această făgăduinţă iniţială a răscumpărării. În legământul Lui cu Noe, Dumnezeu promite să nu distrugă pământul, creând un mediu stabil pentru ca Dumnezeu să Îşi împlinească făgăduinţa răscumpărării. Apoi Dumnezeu iniţiază un legământ cu Avraam, în care promite să creeze un popor pentru Sine, să îi dea un loc unde acesta să trăiască sub domnia Lui, şi prin care să binecuvânteze toate popoarele lumii. Dumnezeu împlineşte aceste făgăduinţe prin ridicarea lui Israel şi, mai târziu, prin răscumpărarea poporului din robia egipteană. La Muntele Sinai, poporul lui Dumnezeu este constituit oficial ca parte a legământului lui Dumnezeu cu Israel, iar făgăduința ocupării unei țări sub binecuvântarea lui Dumnezeu este înnoită prin stipularea că Israel trebuie să trăiască în credincioșie, sub domnia lui Dumnezeu. Apoi Dumnezeu face un legământ cu regele David, prin care promite să pună un Domn veșnic pe tronul Lui. În final, ca urmare a necredincioșiei lui Israel față de legământ, Dumnezeu făgăduiește în bunătatea Lui să încheie un nou legământ, în cadrul căruia copiii lui Dumnezeu sunt iertați de păcat și primesc inimi care Îl cinstesc pe Dumnezeu.

Apogeul narațiunii legămintelor – împlinirea tuturor făgăduințelor lui Dumnezeu – nu sosește în Vechiul Testament, ci în Noul. Luca ne relatează următoarele lucruri care s-au petrecut în timpul mesei pascale din odaia de sus:

> Apoi [Isus] a luat pâinea; și, după ce I-a mulțumit lui Dumnezeu, a frânt-o și le-a dat-o zicând: „Acesta este trupul Meu, care se dă pentru voi; să faceți lucrul acesta spre pomenirea Mea". Tot astfel, după ce au mâncat, a luat paharul și li l-a dat, zicând: „Acest pahar este legământul cel nou, făcut în sângele Meu, care se varsă pentru voi" (Luca 22:19-20).

În final, noul legământ a sosit în Hristos! Isus este sămânța făgăduită a femeii, urmașul lui Avraam, adevăratul Israel, Fiul lui David, Cel prin care inimile noastre sunt făcute noi. Pe scurt, Isus este Împăratul răscumpărător făgăduit, pe care Vechiul Testament ne-a învăţat să Îl aşteptăm. Prin viaţa, moartea, învierea şi înălţarea Lui, toate făgăduinţele lui Dumnezeu îşi găsesc împlinirea în El. De aceea şi „Amin", pe care-l spunem noi, prin El, este spre slava lui Dumnezeu (2 Cor. 1:20). Împărăţia îndelung aşteptată a răsărit în Hristos.

În al patrulea rând, ce efect are noul legământ asupra predicării Vechiului Testament? Sper că răspunsul este evident. Predicatorul nu trebuie să neglijeze împlinirea Împărăţiei lui Dumnezeu în noul legământ. A predica din Vechiul Testament ca şi cum noul legământ n-ar fi fost inaugurat ar însemna să facem o gravă eroare hermeneutică. Nu există nicio epocă a legămintelor – şi nu există niciun pasaj în Vechiul Testament – care să nu facă loc realităţii relaţiei noastre cu Dumnezeu din noul legământ, prin Fiul Său. Pur şi simplu nu există nicio altă cale de a ne raporta la Dumnezeu decât prin noul legământ. De aceea, singura cale prin care putem interpreta corect Vechiul Testament este să îl citim în lumina împlinirii lui.

Autorul Epistolei către Evrei spune că, „prin faptul că zice: ‚un nou legământ', [Dumnezeu] a mărturisit că cel dintâi este vechi; iar ce este vechi, ce a îmbătrânit, este aproape de pieire" (Evrei 8:13). Trebuie să fim atenţi să facem deosebire între Vechiul Testament ca întreg, şi legământul cel vechi al lui Dumnezeu cu Israel. A spune despre vechiul legământ că este vechi nu înseamnă că Vechiul Testament este inutil (Matei 5:17-20; 2 Tim. 3:15-17). Mai degrabă ideea din Epistola către Evrei este că noul legământ în Hristos face ca *vechiul legământ* să fie vechi. Legământul lui Dumnezeu cu Israel nu mai este util; i-a trecut timpul.[5]

De aceea, oricine predică din Vechiul Testament ca şi cum legământul cel vechi are fi modalitatea de relaţionare la Dumnezeu încă în vigoare, face o greşeală fatală de interpretare. Desigur, Legea Vechiului Testament stipula ascultarea Israelului de vechiul legământ; profeţii Vechiului Testament laudă sau condamnă Israelul în funcţie de credincioşia lor faţă de Lege; iar cărţile de înţelepciune din Vechiul Testament vorbesc despre credinţă şi înţelepciune în contextul vechiului legământ. *Totuşi, vechiul legământ este scos din uz acum.*

Aşa cum spune apostolul Pavel, singura speranţă pe care o poate avea cineva ca să interpreteze corect vechiul legământ este să îl citească în lumina noului. Punându-i în contrast pe credincioşi cu Israelul necredincios, Pavel a scris următoarele:

> Fiindcă avem dar o astfel de nădejde, noi lucrăm cu multă îndrăzneală; şi nu facem ca Moise, care îşi punea o mahramă peste faţă, pentru ca fiii lui Israel să nu-şi pironească ochii asupra sfârşitului a ceea ce era trecător. Dar ei au rămas greoi la minte: căci până în ziua de

---

[5] George H. Guthrie, *Hebrews*, NIV Application Commentary (Grand Rapids: Zondervan, 1998), p. 282.

astăzi, la citirea Vechiului Testament, această mahramă rămâne neridicată, fiindcă mahrama este dată la o parte în Hristos. Da, până astăzi, când se citeşte Moise, rămâne o mahramă peste inimile lor. Dar ori de câte ori vreunul se întoarce la Domnul, mahrama este luată (2 Cor. 3:12-16).

Din cauză că nu se îndreaptă spre Hristos prin credinţă, Israelul necredincios nu poate vedea cum gloria Evangheliei străluceşte peste vechiul legământ. Israelul rămâne orb faţă de mărturia pe care vechiul legământ o aducea despre Hristos.

Prin contrast, cei credincioşi, care au fost cândva orbi, acum văd. Ei se uită la vechiul legământ cu mahrama ridicată, astfel că ei văd mărturia acestuia despre Isus. Pavel nu putea fi mai clar de atât: doar în Hristos şi în noul Lui legământ putem să îl înţelegem pe cel vechi.

Noul legământ ne oferă temeiul teologic convingător ca să aducem fiecare faţetă a Vechiului Testament la lumina lui Isus şi a Evangheliei Lui. Aşa cum spunea cineva, „strălucirea Lunii nu poate fi înţeleasă decât în termenii strălucirii Soarelui".[6] Predicarea din Vechiul Testament fără a percepe iluminarea acestuia de către Noul Testament înseamnă să predicăm în întuneric.

---

[6] Philip Edgcumbe Hughes, *Paul's Second Epistle to the Corinthians,* New International Commentary on the New Testament (Grand Rapids: Eerdmans, 1962), p. 112.

CONTEXTUL CANONIC

Am predat cândva un seminar intitulat „Credincios textului, dar necredincios lui Isus". Îți dai seama că poți dori fierbinte să fii credincios față de un text biblic, să îl studiezi atent, să îl predici sau să dai învățătură cu putere din el, și totuși să rămâi necredincios față de Isus?

Cum este posibil așa ceva? Răspunsul este simplu: ești necredincios față de Isus când ignori contextul Vechiului Testament. Iar contextul nu se găsește pur și simplu în paragrafele de dinainte și de după textul respectiv. Nici nu este epuizat de o întreagă carte sau chiar de totalitatea Vechiului Testament. Desigur, acele aspecte sunt cruciale, dar dacă te oprești la ele, limitele tale contextuale sunt prea înguste. Când te gândești la contextul unui pasaj, gândește-te la Biblie în întregime.

Poate că ai auzit pe cineva spunând că „niciun om nu este o insulă". Cuvintele acestea fac parte dintr-o poezie de John Donne:

> *Niciun om nu este o insulă în sine;*
> *fiecare om este o bucată din continent,*
> *o parte din întreg.*

Jucându-mă un pic cu aceste versuri, putem formula o afirmație adevărată aplicabilă fiecărui pasaj biblic:

> *Niciun pasaj biblic nu este o insulă în sine;*
> *fiecare text este o bucată din continent,*

o parte din întreg.

Continentul contextului este canonul Scripturii. Granițele textului tău sunt așezate în Geneza 1 și în Apocalipsa 22.

Textul biblic de la Geneza până la Apocalipsa inclusiv ne prezintă istoria răscumpărării. Este istoria Împărăției lui Dumnezeu care trece prin legăminte (așa cum am văzut mai sus) – sau, spus în termeni mai generali, istoria grandioasă a creației, căderii, răscumpărării și noii creații. Principalul personaj al ei este Fiul întrupat al lui Dumnezeu, care devine eroic Substitut al păcătoșilor în moartea Lui pentru ei și care înviază triumfător din moarte, spre mântuirea lor. Învierea lui Isus le aduce viață tuturor celor ce cred și funcționează ca primul pas decisiv către cerurile noi și pământul cel nou. Atât de preeminent este Hristos în Persoana și lucrarea Lui, încât Dumnezeu nu Își va găsi odihna decât după ce întregul cosmos va fi unit în El (Efes. 1:10).

Odată ce înțelegi aceste granițe, vezi și felul cum predicatorul poate să fie credincios textului biblic din care predică, dar să o sfârșească în necredincioșie din punct de vedere cristologic. Dacă îți percepi textul ca pe o insulă, nu ca pe o parte dintr-un continent – dacă înțelegi textul în izolare de istoria canonică a răscumpărării în Hristos – atunci indiferent câte lucruri adevărate ai putea spune despre el, o vei sfârși necredincios față de Isus.

Cu mai mulţi ani în urmă, am auzit o predică din Isaia 40 – din cunoscutul pasaj care spune: „Mângâiaţi, mângâiaţi pe poporul Meu". Predicatorul a vorbit persuasiv despre pregătirea căii Domnului, despre cum să fii un vestitor al veştii bune, despre Domnul, care Îşi îngrijeşte turma ca un păstor – toate lucruri corecte, existente în acel text. Dar el n-a spus niciun cuvânt despre împlinirea acelui text biblic în Isus. El n-a făcut nicio încercare de a conecta umbra evidentă a Evangheliei de lucrarea lui Hristos. De aceea, predica lui a fost o explicaţie deosebită şi impresionată, prin care au fost spuse multe lucruri adevărate, dar insuficiente.

Dacă vrei mai multe exemple de predici de acest fel din Vechiul Testament, te invit în camera mea de studiu, unde să cauţi printre schiţele mele de predici. Sunt vinovat de asta! Am fost dedicat întotdeauna predicării expozitive, dar n-am înţeles totdeauna contextul aşa cum ar fi trebuit. După ce am ajuns să înţeleg contextul canonic al răscumpărării, focalizat pe Persoana şi lucrarea lui Isus Hristos, predicarea mea s-a schimbat. Am ajuns mai bine înrădăcinat în Evanghelie. Şi sper că şi tu vei fi.

Biblia conţine 66 de cărţi, dar ele formează o singură carte, inspirată de un singur Autor şi prezentându-ne o singură istorie grandioasă a mântuirii. Unitatea Scripturii face ca interpretarea canonică să fie nu doar viabilă, ci şi esenţială. La fel ca atunci când căutăm să înţelegem un capitol dintr-un roman, o secvență dintr-un film sau o scenă dintr-o piesă de teatru, tot așa trebuie să interpretăm fiecare pasaj în lumina întregii Biblii. Canonul este contextul nostru.

HRISTOS, MIJLOCITORUL NOSTRU

Mare parte din argumentația exegetică și teologică poate fi rezumată astfel: Isus Hristos este singurul Mijlocitor dintre Dumnezeu și om (1 Tim. 2:5). Dacă acest adevăr nu va deranja predicile noastre de tip sinagogă, nimic nu o va face. Prin stabilirea unei abordări cuprinzătoare și cristocentrice asupra Vechiului Testament, rolul mijlocitor al lui Isus nu poate fi exagerat. Ea ne cere să Îl recunoaștem în fiecare aspect al relației noastre cu Dumnezeu, inclusiv în felul cum învățăm să ne raportăm la El din Vechiul Testament.

Fixează-ți bine în minte următorul lucru: nu îi vei putea predica niciodată vreunei persoane care să poată avea părtășie cu Dumnezeu fără Hristos. Nu există niciun exemplu scriptural în acest sens, nici vreo poruncă de care omul să poată asculta, nici vreun avertisment la care să ia aminte, nicio pocăință pe care să o poată oferi și nicio laudă pe care să I-o aducă Tatălui – decât prin Hristos.

Noul Testament Îl portretizează frecvent pe Isus în termenii Mijlocitorului exclusiv. Isus S-a asemănat pe Sine cu „ușa" prin care oile Sale găsesc pășunea cu Dumnezeu (Ioan 10:9). El este „calea, adevărul și viața", fără de care nimeni nu poate veni la Tatăl (14:6). Tatăl nu poate fi cunoscut fără Fiul

(Matei 11:27), şi nu există mântuire în niciun alt nume (F.A. 4:12). Să-L „ai" pe Isus înseamnă să ai viaţa; să nu-L ai este moarte (1 Ioan 5:12). Toată ascultarea trebuie să Îi fie adusă lui Dumnezeu prin credinţa în Hristos (Rom. 1:5).

Pasaje ca acestea îi ilustrează ca neglijenţi şi neiubitori pe predicatorii care Îl exclud pe Hristos din vreo predică. De ce să ne dorim să predicăm din orice pasaj biblic fără să îl raportăm la Hristos? Ce anume ar putea să ne determine să Îl ignorăm pe Mijlocitorul în care toată Scriptura este împlinită şi prin care trebuie să treacă orice răspuns al omului faţă de Scriptură? Cum am putea să ne închipuim că o predică fără Hristos ar putea fi un mesaj sigur ca vreun om să îl audă?

Rolul mijlocitor al lui Hristos Isus impune o predicare cristocentrică a fiecărui pasaj al Scripturii.

TELOS-UL PREDICĂRII

Trebuie să facem o ultimă remarcă teologică atunci când stabilim dacă fiecare text al Vechiului Testament trebuie raportat sau nu la Hristos: *telos*-ul predicării. *Telos* este termenul din limba greacă având sensul de „ţel" sau „finalitate". Care este *telos*-ul predicării? Care este finalul sau ţelul dorit de noi când propovăduim Scriptura? Felul în care un predicator răspunde la aceste întrebări îi afectează profund predicarea. Dacă tu crezi că *telos*-ul predicării este să producă oameni buni, predicile tale vor sublinia aspecte de comportament şi moralitate. Dacă crezi că *telos*-ul este cunoaşterea, mesajele tale vor avea tendinţa de a fi academice şi lipsite de dimensiune practică. Dacă *telos*-ul este o congregaţie fericită, cel mai probabil că predicile tale vor fi superficiale şi distractive. Dacă *telos*-ul este pocăinţa, oamenii se vor aştepta la poveri şi mustrări de pe urma predicilor tale.

Indiferent de textul biblic, fiecare predică este dirijată de felul cum predicatorul înţelege predicarea. Aşadar, care este *telos*-ul predicării creştine?

Din fericire, Noul Testament ne oferă înţelepciunea de care avem nevoie ca să răspundem la această întrebare. Epistola către Efeseni clarifică scopul rânduit divin pentru păstori şi învăţători. Ei trebuie să slujească „pentru desăvârşirea [sau echiparea, lit. ESV] sfinţilor, în vederea lucrării de slujire, pentru zidirea trupului lui Hristos, până vom ajunge toţi la unirea credinţei şi a cunoştinţei Fiului lui Dumnezeu, la starea de om mare, la înălţimea staturii plinătăţii lui Hristos" (4:12-13). Dacă Dumnezeu doreşte ca păstorirea şi învăţătura să aibă ca rod maturizarea congregaţiei în Hristos, atunci fiecare predică trebuie să ţintească în acea direcţie. Epistola către Coloseni ne oferă o afirmaţie mai condensată a *telos*-ului predicării: „Pe El Îl propovăduim noi, şi sfătuim pe orice om, şi învăţăm pe orice om în toată înţelepciunea, ca să înfățișăm pe orice om desăvârșit [matur, lit. ESV] în Hristos Isus" (1:28).

Vedem din nou că obiectivul rânduit divin pentru predicare este maturitatea în Hristos. Iar maturitatea în Hristos nu survine prin predici care doar Îl atașează pe Hristos la final sau care Îl ignoră cu totul. Nu, ci maturitatea în Hristos vine prin propovăduirea lui Hristos. Așezarea acelui pronume este categorică – „*Pe El* Îl propovăduim noi" – sugerând că Hristos trebuie să aibă un loc proeminent în predică. Dacă vrem ca oamenii să fie înfățișați maturi în Hristos, El trebuie să le fie prezentat. Oare cinstirea lui Hristos ca *telos*-ul predicării îl limitează pe predicator la textele mesianice evidente? Nu, ci îl cheamă pe acesta să observe felurile în care fiecare text biblic se raportează la Hristos. Indiferent dacă predici din Lege, din Profeți sau din cărțile biblice de înțelepciune; indiferent dacă predici dintr-un text narativ, dintr-unul liric sau din Lege; indiferent dacă ai de-a face cu aspecte etice sau ilustrații biografice – *telos*-ul predicii tale trebuie să fie Hristos.

Vrei să vezi oameni modelați după chipul lui Hristos? Atunci fă ca Hristos să stea în centrul tuturor predicilor tale din Vechiul Testament.

FORȚA CUMULATIVĂ

Pentru ca un cui să pătrundă complet într-o scândură, el trebuie lovit de mai multe ori. Doar una sau două lovituri nu vor fi de ajuns. În acest capitol, ciocanul nostru a lovit în capul cuiului cristocentric de cinci ori. Au avut succes aceste lovituri? Gândeşte-te la ce ne-a învăţat teologia:

1. Revelarea răscumpărării de către Dumnezeu are loc progresiv de-a lungul Scripturii, atingând punctul culminant în Persoana şi lucrarea lui Isus Hristos, care este în Sine cuvântul final de la Dumnezeu.

2. Vechiul legământ nu poate fi înţeles corect decât dacă este citit în lumina noului legământ.

3. Întreg canonul Scripturii formează graniţa contextuală exterioară pentru fiecare pasaj biblic din care predicăm.

4. Isus este singurul Mijlocitor dintre Dumnezeu şi om, singurul în care toată Scriptura este împlinită şi prin care este adusă toată ascultarea de Dumnezeu.

5. *Telos*-ul predicării nu este nimic altceva decât maturitatea bisericii în Isus Hristos.

Aceste adevăruri teologice ne impun să Îl predicăm pe Hristos din fiecare pasaj al Vechiului Testament. Hristos *trebuie* predicat! Oricare ar fi textul biblic ales de predicator, trebuie să îl ducă la Hristos.[7]

---

[7] O parafrază a celor scrise de John Piper în cartea *The Supremacy of God in Preaching* (Grand Rapids: Baker, 1990), p. 20: „Aşadar, predicarea îşi însuşeşte lucrurile obişnuite ale vieţii... şi acestea nu sunt doar preluate. Ele sunt luate şi duse până la Dumnezeu".

Partea a doua.

Cum să Îl predicăm pe Hristos din Vechiul Testament?

3

TEXTUL DIN CARE PREDICĂM

Bedford Clapperton Pim, un ofițer din marina britanică și expert recunoscut în istoria Americii Centrale, scria următoarele despre calea ferată Panama:

> Am văzut cea mai deosebită lucrare inginerească din vremurile noastre... dar trebuie să mărturisesc că, atunci când merg înainte și înapoi pe calea ferată Panama, stând în picioare pe locomotivă ca să am o perspectivă bună, nu sunt niciodată mai uimit ca atunci când văd peste tot dovada evidentă a îndemânării minunate, a străduinței și perseverenței care trebuie să fi fost puse la lucru în construcția ei.[1]

Calea ferată Panama, a cărei construcție a început în 1850 și s-a încheiat în 1855, a fost prima cale ferată construită de la un ocean la celălalt. Minunăția acestei lucrări inginerești realizată într-o perioadă când la vest de Mississippi nu fusese construit nici măcar un metru de cale ferată, este

---

[1] Citat în David G. McCullough, *Brave Companions: Portraits in History* (New York: Prentice Hall, 1992), p. 89. Toate celelalte informații despre construcția căii ferate Panama sunt preluate din capitolul cărții lui McCullough, „Steam Road to El Dorado", p. 89-104.

şi mai evidentă dacă ne gândim că această cale ferată a trebuit să treacă prin păduri tropicale.

Autorul David McCullough ne reaminteşte de realităţile de la mijlocul secolului al XIX-lea, care au făcut ca până şi studiile topografice pentru acea cale ferată să fie aproape de neconceput: nu se puteau face fotografii din aer, nu existau medicamentele de azi, nici soluţii de ţinut insectele la distanţă, nici buldozere, nici ferăstraie electrice, nici mâncare conservată şi nici vreo hartă pe care proiectanţii să se poată baza. Nu este de mirare că, „milă după milă, [calea ferată Panama] pare să fi costat mai mulţi dolari şi vieţi omeneşti decât oricare altă cale ferată construită vreodată".[2]

Cu alte cuvinte, ofiţerul Pim avea dreptate când a spus că a fost uimit. Conectarea oceanelor Atlantic şi Pacific printr-o cale ferată a necesitat un nivel de îndemânare şi perseverenţă care merită să fie apreciat ca remarcabil.

Conectarea Vechiului Testament la Isus Hristos nu ne cere mai puţin efort şi îndemânare. Aşezarea liniei dintre text şi împlinirea lui necesită îndemânare în interpretare şi perseverenţă, deoarece calea nu este întotdeauna clară. Una este să crezi că totul este împlinit în Hristos, dar cu totul altceva să croieşti o cale între pasajul biblic şi Isus. Cum poate Isus să devină Domnul şi mântuitorul hermeneuticii noastre?

---

[2] Ibid., p. 90.

Cum pot fi mântuite predicile noastre din Vechiul Testament?

Aceste întrebări m-au încurat chiar și după ce am devenit convins că trebuie să predic fiecare text din Vechiul Testament în lumina lui Isus. Nu eram sigur cum să procedez fără să par straniu. Adică să Îl găsesc pe Isus în fiecare cui din cortul întâlnirii sau în ramurile fiecărui terebint din Canaan? Evident că a deveni un predicator cristocentric nu ne cere să ne așezăm peste Vechiul Testament ca niște magicieni, singura diferență fiind că, în loc să scoatem un iepure din joben, să smulgem un Isus din text. Nu ni se cere să facem un pic de hocus-pocus hermeneutic și - *gata!* – uite-L pe Isus, iar congregația să stea cu gura căscată, uimită de puterile noastre uimitoare de interpretare a Bibliei.

De-a lungul anilor, această frică de magia hermeneutică s-a diminuat. Nu avem nevoie de ceva magic ca să Îl predicăm pe Hristos din Vechiul Testament. Dacă ideile noastre exegetice și teologice sunt valide (vezi Partea întâi), atunci există o cale legitimă prin care putem interpreta fiecare text biblic în lumina lui Hristos. Doar trebuie să ne familiarizăm cu modalitățile în care Isus împlinește Vechiul Testament.

UȘOR PE CÂT AI ZICE „PEȘTE"... APROAPE

Te afli acum în partea centrală a acestei cărți. Partea a doua este miezul, carnea și cartofii, detaliul. Voi oferi aici trei pași pentru interpretarea fiecărui pasaj din Vechiul Testament în lumina lui Hristos. Împreună, acești pași formează o metodă de interpretare simplă, practică și cuprinzătoare, una pe care o folosesc de fiecare dată când deschid Vechiul Testament – indiferent dacă mă pregătesc să predic, să dau învățătură sau pur și simplu când citesc Biblia pentru studiu devoțional. Când folosești cu atenție acești pași, bazându-te pe ajutorul Duhului Sfânt, vei ajunge la o înțelegere legitimă și cristocentrică a textului. Și vei fi gata să Îl înalți pe Hristos în predica ta!

Eu am denumit acești trei pași în felul următor: TEXTUL, HRISTOS, NOI. Știu, sună revoluționar! Dar este direcția în care vrem să mergem – de la textul din Vechiul Testament, la împlinirea lui în Hristos, apoi la viețile noastre, prin aplicarea lui.

Acest capitol explică primul pas, TEXTUL. El este cel mai familiar dintre cei trei, majoritatea păstorilor conștiincioși deja parcurgându-l. Cu toate acestea, sper că acest capitol va fi de ajutor.

PASUL 1: TEXTUL

Primul pas implică alegerea și exegeza unui text pentru predicare sau dare de învățătură. Comentariile mele la acest pas vor fi succinte, pentru că majoritatea păstorilor care vor să citească o carte ca aceasta sunt deja familiarizați cu procesul exegetic. Pe acest subiect există o mulțime de materiale excelente, astfel că eu nu îmi propun să adaug încă o carte la ele. Totuși, vreau să subliniez câteva puncte importante legate de alegerea și exegeza unui text biblic.

Alege un text biblic legitim din care să predici

Când vine vorba de Scriptură, există oare un text nelegitim pentru predicare? Într-un sens, nu. „Toată Scriptura este insuflată de Dumnezeu și de folos" (2 Tim. 3:16). Predicatorul ar trebui să fie total încrezător să predice orice pasaj din Biblie, știind că, prin Duhul Lui, Dumnezeu folosește Cuvântul Său pentru a-i modela pe copiii Lui după chipul Său.

Dar există un alt sens potrivit căruia anumite pasaje biblice sunt nelegitime pentru predicare. „Prin ,text' ne referim la o parte cu sens din oricare carte, înțeleasă ca parte a acelei cărți și a mesajului ei general", spune Graeme Goldsworthy. „Simpla izolare a câtorva cuvinte sau a unei fraze de contextul ei real și imediat nu face din acestea un text legitim".[3]

---

[3] Graeme Goldsworthy, *Gospel-Centered Hermeneutics: Foundations and Principles of Evangelical Biblical Interpretation* (Downers Grove: IVP, 2006), p. 251.

Pe scurt, un pasaj legitim pentru predicare este o unitate completă de gândire. Sidney Greidanus concură cu Goldsworthy, scriind că, „fie scurt sau lung, un pasaj potrivit pentru predicare ar trebui să constituie o unitate literară".[4]

Pentru stabilirea granițelor unei unități literare, ne este util să cunoaştem genul literar al textului. Dacă avem de-a face cu un pasaj din Lege, o unitate literară poate fi scurtă, chiar o singură propoziție, deşi contextul ne va arăta adesea că mai multe porunci sau legi au fost puse laolaltă. De exemplu, ai putea pe bună dreptate să cuprinzi toate Cele 10 Porunci într-o singură predică sau să aloci o predică întreagă focalizându-te pe una dintre ele.

Dacă genul este narativ, pasajul trebuie să formeze o unitate literară. Dacă ar fi să împarți un text în mai multe predici, tot vei fi nevoit să predici fiecare mesaj în lumina întregului pasaj, pentru ca, astfel, să nu ajungi să îl interpretezi greşit (de ex. istoria lui Samson din Judecători 13-16).

Dacă genul literar este liric, atunci strofa este cea mai mică unitate literară. Totuşi, rareori ne aflăm în situația în care o strofă să fie izolată de versetele din jurul ei. De exemplu, ai putea predica doar din Iona 2:9, care se încheie cu binecunoscuta afirmație că „mântuirea vine de la Domnul".

---

[4] Sidney Greidanus, *The Modern Preacher and the Ancient Text: Interpreting and Preaching Biblical Literature* (Grand Rapids: Eerdmans, 1988), p. 126.

Dar probabil că ar fi mai bine să predici întreaga secțiune poetică (2:1-10). Dacă analizezi atent textul, acordând atenție genului literar, nu îți va fi dificil să stabilești granițele adecvate pentru textul din care să predici.

Dar granițele literare nu sunt singurul factor important în alegerea unui text. Îți vine să crezi sau nu, calendarul este și el important! Este benefic să îți alegi textul cât de devreme poți. Unii predicatori își aleg pasajul biblic pentru predică doar la sfârșit de săptămână, rugându-se ca Duhul să îi conducă la mesajul corect. Desigur, Duhul Sfânt ne dă har și ajutor ca să pregătim o predică sâmbăta seara, în circumstanțele în care acela este tot timpul pe care îl avem pentru pregătire, dar această abordare nu este de recomandat. La urma urmei, Duhul care îl ajută pe predicatorul nerăbdător în seara de sâmbătă este același Duh care poate să îl ajute mai devreme, în timpul săptămânii, sau chiar cu câteva săptămâni ori luni în avans.

Cunosc un păstor care nu doar că își plănuiește calendarul de predicare cu mai multe luni în avans, ci își pregătește predicile cu două săptămâni înainte de ziua predicii. Este oare acest păstor un simplu muritor? Cu adevărat el trebuie să fie o specie rară!

Indiferent dacă ne lipsește timp, auto-disciplină sau chiar capacitate, majoritatea dintre noi nu vom fi gata să pregătim o predică cu totul nouă cu două săptămâni înainte.

Şi este în regulă. Dar, cu puţin efort, majoritatea dintre noi vom descoperi că putem cel puţin să alegem anumite texte cu câteva săptămâni în avans. Acest lucru le permite deopotrivă predicatorului şi congregaţiei să mediteze asupra pasajului cu zile sau chiar săptămâni înainte de strângerea lor de duminică. Fă din calendar prietenul tău.

Practica mea de-a lungul anilor a fost aceea de a alterna predicarea între Vechiul şi Noul Testament, asigurându-mă că acopăr astfel părţi şi genuri literare diferite ale Scripturii. Eu predic mesaje expozitive atât din perspectiva mai largă, „satelitară", a Scripturii, cât şi din cea mai detaliată, „stradală". După douăzeci de ani de predicare şi învăţătură la biserica unde slujesc ca păstor senior, această abordare mi-a dat posibilitatea să predic serii de mesaje de lungimi diferite, parcurgând 25 de cărţi din Vechiul Testament.[5]

Fă exegeza textului biblic în contextul lui din Vechiul Testament

Odată ce ai ales textul legitim pentru predică, trebuie să începi sarcina exegezei.

Scopul exegezei este să identifice sensul avut în vedere de autor, aşa cum este revelat chiar în text. Întrebarea la care trebuie să răspundem este aceasta: „Care este ideea centrală

---

[5] Mark Dever şi Greg Gilbert detaliază această abordare a predicării într-un capitol unic şi util, „What to Preach On", în cartea lor, *Preach: Theology Meets Practice* (Nashville: Broadman & Holman, 2012), p. 63-78.

a pasajului, în contextul lui din Vechiul Testament?" Orice interpretare va eșua dacă predicatorul nu poate identifica ideea pe care Dumnezeu o subliniază în text.

Pasul 1. Textul

Care este ideea centrală a pasajului, în contextul lui din Vechiul Old Testament?

Ca să fiu clar, sensul unui text nu se găsește în mintea autorului fără să fie inclus în text, nici în mintea cititorului, în funcție de ce ar dori el să spună acel text. Sensul se găsește în ceea ce poate fi găsit în textul în sine. Dumnezeu a revelat în formă scrisă ceea ce El dorește să ne transmită. Cuvintele Lui sunt inteligibile și cu scop, lucru care face posibilă exegeza. Cu puțin studiu, putem înțelege ideea pe care Dumnezeu a revelat-o. Ce dar deosebit avem în Biblie!

În cele ce urmează voi prezenta o schiță a procesului exegetic în cinci puncte.

1. Citește bine textul. Identificarea ideii unui pasaj biblic începe prin citirea lui atentă, apoi prin recitirea lui, prin re-recitirea lui, prin re-re-re-... ai înțeles ce vreau să spun. Am auzit de un păstor care citește de 50 de ori textul din care vrea să predice înainte de a se apuca să pregătească predica. O altă specie rară! Indiferent dacă citești textul biblic de 50 de ori sau doar de 5 ori, pur și simplu nu există niciun substitut pentru cufundarea ta în textul din care vrei să predici. Citirea solidă a textului este etapa fundamentală în exegeză.

2. Observă detaliile. În timp ce te cufunzi în text, vei începe să faci numeroase observații. Dintr-o perspectivă largă, principalul accent al pasajului pentru predică va începe să iasă la lumină. Apoi, pe măsură ce te vei focaliza pe el, detaliile pasajului îți vor rafina felul cum înțelegi ideea lui centrală. De exemplu, în pasajele narative este vital să observi detalii precum chei structurale, elemente de conflict și rezolvare a situației, și accentul pus în dialoguri. În textele care indică porunci, vei dori să observi gramatica fiecărei propoziții, felul în care fiecare propoziție se raportează la cele din jurul ei, repetițiile de cuvinte și orice aranjament tematic. În pasajele lirice, asigură-te că observi paralelismul din fiecare strofă și felul cum ele se combină pentru accentuarea unei idei. De asemenea, trebuie să acorzi atenție mulțimii de imagini comunicate prin cuvinte; ele umplu genul liric ebraic și sunt instrumente deosebite prin care se transmit idei. Dacă le permiți, scriitorii biblici vor transforma urechile tale în ochi, așa încât să le poți vedea mesajul. Indiferent de genul literar, observă detaliile.

3. Înțelege contextul. Vei dori aici să îți ascuți focalizarea pe principala idee, raportând textul ales la contextul lui mai larg din acea carte, la legământul pe care îl reflectă și la locul lui în cadrul istoriei Vechiului Testament. Să luăm exemplul cărții Rut. Care este sensul naționalității lui Rut în narațiunea de ansamblu a Vechiului Testament? Cum a știut Boaz ce să facă pentru a se căsători cu ea? Ce este demn de observat în expresia cu care începe cartea, „pe vremea judecătorilor", și în încheierea prin cuvântul „David"? Răspunsul la aceste întrebări contextuale îl conduce pe predicator în punctul în care se gândește la istoria lui Rut în lumina Legii, a nevoii Israelului de a avea un rege evlavios și a includerii Neamurilor în făgăduințele lui Dumnezeu. De aici, vom observa cum cartea Rut nu este manual de curtare pentru cei necăsătoriți, ci este o etapă semnificativă în istoria răscumpărării. Sensul textului devine astfel mai bogat odată ce este înțeles în contextul lui din Vechiul Testament.

4. Folosește unelte de ajutor. Resursele de studiu sunt instrumente utile pentru procesul exegetic. Resursele care ajută la studiul termenilor, dicționarele și cărțile care descriu contextul istoric și cultural pot fi folositoare în primele etape. Cu toate acestea, eu sunt de acord cu sfatul multora care recomandă folosirea comentariilor biblice mai târziu în procesul pregătirii predicii, nu mai devreme. Vei avea o mai mare încredere în interpretarea textului când vei ajunge la principala idee a textului biblic prin propriul studiu, descoperind ulterior că resurse precum comentariile biblice îți rafinează concluzia fără să o schimbe fundamental.

5. Roagă-te consistent. Nu am lăsat rugăciunea la final, ca pe un gând separat, ci ca pe un semn de exclamație. Când ar trebui ca predicatorul să se roage, cerând ajutor în înțelegerea Cuvântului lui Dumnezeu? Ar trebui să se roage la începutul procesului său exegetic, când alege un pasaj biblic și când începe să îl citească. Ar trebui să se roage în timp ce își face observațiile pe marginea textului. Ar trebui să se roage în timp ce caută să înțeleagă contextul pasajului. Ar trebui să se roage când consultă resursele externe de studiu. Ar trebui să se roage până ce se simte încrezător că a identificat ideea subliniată de text. Pe scurt, predicatorul trebuie să se roage pe tot parcursul procesului exegetic.

Imaginează-te citind un roman complicat, precum *Frații Karamazov* de Dostoievski. Dacă ai putea alege să participi la un grup de discuții pe marginea cărții sau să interacționezi chiar cu Dostoievski, ce ai alege? Care conversație ți-ar aduce mai multe gânduri despre sensul personajelor și a acțiunilor lor? Deși discuția de grup ar putea fi plăcută și aducătoare de ceva lumină, ea nu s-ar putea compara cu situația în care autorul însuși explică sensul romanului lui.

Prin rugăciune, noi dialogăm cu Autorul Scripturii. Dumnezeu a inspirat Cuvântul Lui prin Duhul, și tot prin Duhul ne iluminează minţile ca să înțelegem acel Cuvânt. „Deschide-mi ochii", s-a rugat psalmistul, „ca să văd lucrurile minunate ale Legii Tale!" (Ps. 119:18). Predicatorul ar trebui să se roage în felul acesta.

GATA SĂ PREDICI UN MESAJ ÎNTR-O SINAGOGĂ

Așadar, alege un text legitim și fă-i exegeza în contextul lui din Vechiul Testament. Acesta este primul pas. Acum imaginează-ți că ai parcurs cu bine acest pas. Bun!

Dar am o veste nu tocmai plăcută pentru tine: încă nu ești gata să îți pregătești predica. Sarcina ta hermeneutică nu s-a încheiat, decât dacă ești un predicator evreu și te pregătești să predici într-o sinagogă. Dacă vrei să fii un predicator creștin, mai este o etapă de interpretare biblică pe care trebuie să o parcurgi.

Din nefericire, mulți predicatori și învățători trec direct de la exegeza textului lor din Vechiul Testament la aplicațiile făcute pentru audiența lor de azi. Procedând astfel, ei ocolesc etapa critică a înțelegerii împlinirii textului în Hristos. Nu fă acea greșeală! Orice lucru din Vechiul Testament curge către și prin Isus. Trebuie să fii în stare să arăți felul cum El Se raportează la ideea centrală a textului ales de tine.

Până nu poți răspunde la acea întrebare, nu ești gata să Îl predici pe Hristos – ceea ce ne conduce la subiectul următorului capitol.

4

ÎMPLINIREA ÎN HRISTOS

Probabil că îți aduci aminte de jocul Twister. Tabla de Twister era o bucată mare de vinil, cu patru rânduri de puncte colorate – roșu, galben, albastru și verde. Titirezul stabilea culoarea pe care jucătorii trebuiau să își pună un picior sau o mână, ei neputând să pună ambele mâini sau ambele picioare pe același punct. După doar câteva aruncări ale titirezului, jucătorii ajungeau hazliu de încurcați în timp ce încercau să nu cadă și să nu fie eliminați, în încercarea lor de a pune mâinile și picioarele în diferite puncte.

Când trece de la TEXT la HRISTOS, oare predicatorul trebuie să joace un joc de Twister în interpretarea Scripturii? Cu siguranță că mulți predicatori au făcut așa ceva. Bryan Chapell ne oferă câteva exemple amuzante:

> Astfel de predicatori ne-ar putea spune lucruri precum că lemnul din care Noe a confecționat arca simbolizează lemnul crucii. Sau ar merge chiar mai departe, spunând că lemnul folosit pentru arcă era făcut din „chiparos", iar asta ar trebui să ne reamintească de înviere, întrucât chiparoșii au rădăcini în pământ, iar

Isus a ieşit din pământ prin înviere.[1]

Iată o veste bună: nu este nevoie să fii atât de imaginativ în predicarea lui Isus. Nu trebuie să răstălmăcim textul ca să facem legătura cu Hristos. Putem să punem deoparte jocul de Twister pe Vechiul Testament.

PASUL 2: HRISTOS

Calea dintre textul biblic pentru predică şi Hristos nu se află într-o hermeneutică de tip Twister. Ţelul nostru este să înţelegem felul cum textul este împlinit în Isus.

Imaginează-ţi că te pregăteşti să predici despre căderea lui Adam din Geneza 3. Predica ta ar putea analiza anatomia ispitirii şi să îi aducă adunării încurajări despre cum să aibă succes acolo unde Adam şi Eva au eşuat. Asta nu este un lucru rău. Dar vei oferi o astfel de încurajare în lumina lui Hristos? Dacă da, cum? Ce legătură are Isus cu ispitirea lui Adam şi Eva? Cum îşi găseşte istoria lor *împlinirea* în viaţa, moartea şi învierea Lui?

TEXTUL	HRISTOS	NOI
Exegeza	Împlinirea	
Ideea principală	Evanghelia	
Predică ebraică	Predică cristologică	

---

[1] Citat în cuvântul înainte la utila carte a lui Tony Merida pe tema predicării, *The Christ-Centered Expositor: A Field Guide for Word-Driven Disciple Makers* (Nashville: Broadman & Holman, 2016).

Sau poate că predici din Cele 10 Porunci, iar pasajul tău pentru duminică este porunca a patra: „Adu-ţi aminte de ziua de odihnă, ca s-o sfinţeşti" (Exod 20:8-11). Predici această poruncă într-un fel în care o prezinţi ca aplicabilă bisericii de azi? Probabil că vei face unele modificări – cum ar fi să aplici porunca la ziua de duminică, nu de sâmbătă, sau să reasiguri biserica de faptul că a se bucura duminica de anumite forme de recreere este ceva legitim. Dar pe baza cărei autorităţi te vei apuca să schimbi *orice* aspect al acestei porunci? Mai mult, ce legătură este între Sabat şi Isus? În ce fel *împlineşte* El Sabatul? Dacă vrem să predicăm porunca Sabatului ca nişte predicatori creştini, nu ca nişte rabini din vechiul legământ sau ca nişte consilieri contemporani de viaţă, trebuie să ne străduim să răspundem la aceste întrebări.

Sau gândeşte-te la cunoscuta făgăduinţă profetică dată prin Ieremia: „Căci Eu ştiu gândurile pe care le am cu privire la voi, zice Domnul, gânduri de pace şi nu de nenorocire, ca să vă dau un viitor şi o nădejde" (29:11). Oare această făgăduinţă, dată cândva poporului evreu aflat în exil, se aplică oricărui om de azi? Oare doar creştinilor? Sau doar creştinilor din America? Adevărat, adevărat îţi spun că există mai multe modalităţi rele de tratare a acestui verset decât firele de păr din blana unei pisici! Înainte de a aplica generalizat această făgăduinţă, chiar şi în cazul bisericii, trebuie să înţelegem felul în care ea se raportează la Isus. Cum este *împlinită* această făgăduinţă în Hristos?

Pasul 2: Hristos

Cum este împlinită în Hristos principala idee a pasajului?

La primul pas ne-am pus întrebarea: „Care este ideea principală a pasajului în contextul lui din Vechiul Testament?" La pasul al doilea, întrebarea-cheie cu care avem de-a face pleacă de la prima: „Cum este împlinită în Hristos principala idee a pasajului?"

Atât timp cât predicatorul nu poate răspunde la întrebarea legată de împlinirea în Hristos, el nu este pregătit să predice. În fapt, cât timp predicatorul nu poate să răspundă la această întrebare, nici n-ar trebui să predice. El încă nu înțelege textul pe care l-a ales pentru predică. Dincolo de asta, dacă nu avem de gând să Îl predicăm pe Hristos și ce înseamnă să trăim în El, atunci ce anume vrem să predicăm?

Din fericire, răspunsul la întrebarea despre împlinirea în Hristos nu este atât de greu de dat pe cât ne-am închipui, pentru că fiecare răspuns poate fi încadrat într-una sau mai multe din următoarele șase categorii: (1) făgăduință profetică, (2) învățătură etică, (3) umanitate decăzută, (4) revelație tipologică, (5) progresie narativă, sau (6) temă teologică. Scopul meu este ca, în acest capitol, să explic pe rând fiecare dintre aceste categorii.

CITIND PESTE UMĂRUL LUI ISUS

Cu scopul de a te ajuta să stabileşti categoria în care se poate încadra textul ales de tine pentru predică – şi, astfel, cea mai naturală cale către Hristos pe care să o urmezi – ar putea fi util să te imaginezi citind textul respectiv peste umărul lui Isus. Cum ar fi înţeles El împlinirea acelui text?

Aş vrea să îţi atrag atenţia către un lucru evident, dar ignorat adesea, care îţi poate aprinde imaginaţia şi îţi poate îmbunătăţi abilitatea de interpretare biblică. El poate chiar să îţi anime simţământul de uimire faţă de Isus ca Persoană. Iată care este acesta: Isus a citit Vechiul Testament. El a auzit Scriptura predicată în fiecare zi de Sabat. El însuşi S-a ridicat la amvonul din sinagogă şi a citit-o. El a meditat la Scriptură, a memorat-o şi a făcut-o centrală în viaţa şi învăţătura Lui.

Iată ceea ce face ca acest adevăr evident, dar ignorat, să fie deopotrivă relevant şi remarcabil: Isus a citit Vechiul Testament *văzându-Se pe Sine în el!* El l-a citit ştiind felul în care avea să îl împlinească în fiecare iotă. De aceea, când tu şi eu căutăm să trecem direct de la Vechiul Testament la vieţile noastre, ca şi cum Vechiul Testament ar vorbi nu doar pentru noi, ci şi despre noi, aplicăm o hermeneutică greşită. Dar Isus poate corecta hermeneutica noastră greşită. Vechiul Testament vorbeşte despre *El*, aşa că El l-a interpretat corect atunci când S-a văzut pe Sine în Vechiul Testament.

Acest fapt remarcabil m-a apropiat mai mult de Isus

când am citit Vechiul Testament. Îi sunt îndatorat lui Christopher Wright pentru că m-a ajutat să văd ceea ce era evident, şi simţămintelor lui de uimire pe care am ajuns să le împărtăşesc:

> În citirea Scripturii ebraice, eu mânuiesc ceva care îmi
> dă o legătură mai apropiată cu Isus decât ar putea să
> o facă orice descoperire arheologică, pentru că acestea
> sunt cuvintele pe care *El* le-a citit. Acestea erau întâm-
> plările pe care El le ştia. Erau cântările pe care El le-a
> cântat. Erau profunzimile de înţelepciune, revelaţie şi
> profeţie care I-au modelat întreg felul de a gândi des-
> pre „viaţă, Univers şi toate lucrurile". Aici S-a îndrep-
> tat El pentru a vedea gândul Tatălui Său, Dumnezeu.
> Mai presus de orice, aici este locul unde El a găsit mo-
> delul identităţii proprii şi ţelul misiunii Sale. Pe scurt,
> cu cât mergi mai adânc în înţelegerea Vechiului Tes-
> tament, cu atât mai aproape eşti de inima lui Isus.[2]

Dragi păstori şi învăţători, sper că gândul că Isus a citit Vechiul Testament vă va duce mai aproape de inima Lui. Înainte ca să ajungi în momentul când să aplici Vechiul Testament, Isus l-a împlinit. De aceea, citeşte-l împreună cu El, privind peste umărul Lui. Învaţă ca să îl citeşti văzându-l cum îţi vorbeşte *despre El* în felul în care Isus a citit *despre Sine* în el. În loc să te întrebi doar, „Cum citesc acest pasaj?", întreabă-te şi:

---

[2] Christopher J. H. Wright, *Knowing Jesus Through the Old Testament* (Downers Grove: IVP, 1992), p. ix.

"Cum ar fi citit Isus acest pasaj?"

Vreau să vă asigur pe voi, cei care vă simțiți neliniștiți în legătură cu limbajul folosit legat de a citi peste umărul lui Isus, că vorbesc metaforic, nu mistic. Tot ce spun este că citirea cu privirea îndreptată către împlinirea în Hristos a fost felul în care Isus însuși a citit textul biblic. El a avut un fel de a-Și înțelege propria viață în fiecare pasaj pe care l-a citit, astfel că noi trebuie să încercăm să interpretăm textul în felul în care El l-ar fi interpretat. Următoarele șase categorii ne vor ajuta să facem acest lucru.

FĂGĂDUINȚA PROFETICĂ: IDENTITATEA LUI ISUS ÎN FĂGĂDUINȚE ȘI PROFEȚII

Categoria făgăduințelor profetice este cea mai ușoară și mai puțin controversată cale de a-L vedea pe Hristos în

Vechiul Testament. Numeroase pasaje din Vechiul Testament conțin făgăduințe divine despre un Mântuitor viitor. Noi avem tendința să credem că aceste făgăduințe mesianice se găsesc în primul rând în cărțile profeților, și multe dintre ele acolo se găsesc. Totuși, făgăduințele de răscumpărare sunt răspândite și în cărțile Legii și în cele de înțelepciune.

Iată câteva exemple de făgăduințe profetice, toate fiind împlinite în Hristos:

Din Lege:

- Sămânța femeii, care va zdrobi capul șarpelui (Gen. 3:15; cf. Gal. 4:4).
- Sămânța lui Avraam, în care Dumnezeu va încheia un legământ veșnic (Gen. 17:7; cf. Gal. 3:16).
- O Stea care va ieși din Iacov (Num. 24:17; cf. Matei 2:2).
- Un Proroc asemenea lui Moise, care Se va ridica din Israel (Deut. 18:15; cf. F.A. 3:22-26).

Din cărțile profeților:

- Urmașul lui David, care va domni veșnic ca Împărat (2 Sam. 7:12-13; cf. Matei 1:1).
- Robul care a suferit, murind ca Substitut pentru păcătoși (Isaia 52:13-53:12; cf. F.A. 8:32-35).
- Inițiatorul noului legământ (Ier. 31:31-34; cf. Luca 22:20).
- Un Stăpân născut în Betleem (Mica 5:2; cf. Matei 2:6).

Din cărțile biblice ale înțelepciunii:

- Cel al cărui trup și suflet nu va muri niciodată (Ps. 16:8-11; cf. F.A. 2:24-32).
- Domnul și Preotul veșnic (Ps. 110; cf. F.A. 2:34-36; Evrei 7:15-25).
- Unul ca un fiu al omului, venind pe norii cerului (Dan. 7:13-14; cf. Matei 24:30).
- Fiul lui Dumnezeu, iubit din veșnicie (1 Cron. 17:13; cf. Evrei 1:5).

Aceste făgăduințe și multe altele asemenea lor privesc inerent înainte, către viitor. Ele îi ridică ochii predicatorului către un orizont viitor acelui text. Orizontul viitor poate să înceapă chiar din Vechiul Testament, în cazul în care făgăduința profetică își găsește acolo o împlinire parțială. De exemplu, vedem o împlinire parțială a profeției despre „Fiul Meu" din Psalmul 2 în regii din Iuda. Așa cum am învățat la primul pas, nu ar trebui să ignorăm înțelegerea făgăduințelor profetice de genul acesta în cadrul contextului lor din Vechiul Testament, dar, ca atunci când escaladăm un vârf de munte, după care descoperim de acolo un munte mai înalt la distanță, trebuie să ajungem în final să vedem felul în care fiecare făgăduință profetică se deplasează înainte în istoria răscumpărării, către împlinirea ei finală în Persoana și lucrarea lui Isus Hristos. Astfel, în Psalmul 2, noi înțelegem că Isus este Fiul pe care Dumnezeu Îl înscăunează ca Împărat în Sion.

În Noul Testament sunt citate multe făgăduințe profetice. Aceste referințe sunt precum zahărul pentru predicator. Ce ar putea inspira mai multă încredere în interpretarea Vechiului Testament decât felul în care Noul Testament ne arată cum un pasaj al Vechiului este împlinit în Hristos? Dar chiar și în absența unui citat sau a unei aluzii făcută în Noul Testament, putem depista totuși o legătură clară cu Isus. De exemplu, predicatorul are dreptate când vede suferința lui Hristos pe cruce descrisă de-a lungul Psalmului 22, chiar dacă Noul Testament nu face aluzie la fiecare verset din acest psalm. De asemenea, noi știm că Isus este Cel la care Isaia face referire în ultimă instanță în profețiile lui legate de Robul Domnului. Odată ce Îl înțelegem pe Isus ca Robul din Isaia 52–53, suntem înclinați să trasăm și celelalte linii de legătură între profețiile despre Robul Domnului și El.

Isus a interpretat Biblia în felul acesta. Îți poți imagina cum trebuie să fi fost ca Isus să citească și să audă făgăduințele profetice, înțelegând că ele vorbeau despre El? Știu de o femeie care a găsit jurnalul mamei ei bătrâne rătăcit printre niște lucruri îndelung uitate. Ea a descris experiența extraordinară când a citit cuvintele mamei ei, scrise cu zeci de ani înainte, despre creșterea fetiței ei – *despre creșterea ei*. Ceea ce ea a citit în jurnal a influențat felul în care a început să se privească pe sine, în ciuda trecerii anilor. Cu cât mai influente trebuie să fi fost pentru Isus cuvintele lui Dumnezeu despre Fiul Său! Cu siguranță că băiatul Isus, tânărul Isus și adultul Isus trebuie să fi fost profund modelat de făgăduințele profetice din Scriptură. Identitatea Sa trebuie să se fi manifestat clar în înțelegerea că El era sămânța femeii, a lui Avraam și a lui David; El era Împăratul făgăduit că va domni cândva peste popoare; că El era Preotul care avea să facă ispășirea păcatului odată pentru totdeauna, prin jertfirea trupului Său; că El era Fiul preaiubit al lui Dumnezeu. Cum se face că încrederea lui Isus în identitatea și misiunea Sa erau atât de clare? Cel puțin parte din explicație este că Tatăl Său I-a modelat identitatea prin cuvintele scripturale ale făgăduinței profetice.

Textul pe care l-ai ales pentru predica ta include o făgăduință profetică? Atunci predică-L pe Hristos ca împlinirea ei.

ÎNVĂȚĂTURA ETICĂ: VIAȚA LUI ISUS ÎN LEGE ȘI CĂRȚILE DE ÎNȚELEPCIUNE

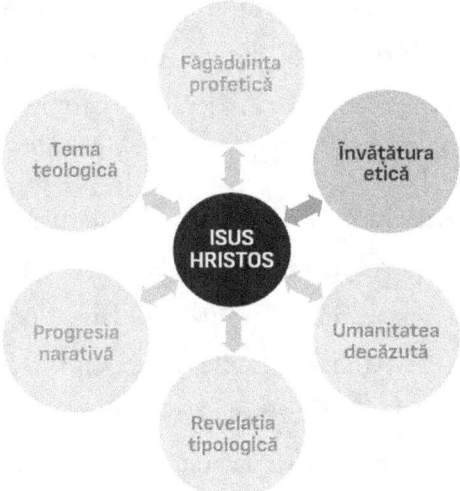

Învățăturile etice constituie o altă cale directă de înțelegere a felului în care un text biblic este împlinit în Isus. În fapt, această cale dintre text și Isus este atât de clară, încât se poate să o fi ratat – la fel cum am făcut eu. Dă-mi voie să explic.

Învățăturile etice se găsesc peste tot în Vechiul Testament. Dar noi le găsim cel mai proeminent în codul de porunci al Legii și în cărțile biblice de înțelepciune (ex. Exod, Levitic, Numeri, Deuteronom, Psalmi, Proverbe, Eclesiastul). De ce aici? Pentru că, prin aceste cărți, Dumnezeu l-a învățat pe poporul Său cum să trăiască. El le-a dat porunci, rânduieli și călăuzire, lucruri pe care le-a cerut să le urmeze.

Ce au de-a face aceste învățături etice cu Isus? Răspunsul este simplu: Isus le-a împlinit! Toate acele legi? Isus le-a împlinit, pentru că Isus este *Cel* ce împlinește Legea (Matei 5:17). Toată învățătura lui Dumnezeu din cărțile de înțelepciune? Isus a întruchipat perfect înțelepciunea, pentru că Isus este *Cel* înțelept (1 Cor. 1:30). Fiecare iotă din învățăturile etice din Vechiul Testament a fost împlinită în Isus.

Ce lucru uimitor! Când citești învățăturile etice date de Dumnezeu poporului Său, înveți ceva despre Isus. Înveți cum au fost modelate mintea și inima Lui. Înveți ce informații a folosit El când Și-a luat deciziile. Înveți cum a înțeles El păcatul și neprihănirea. Înveți contextul a tot ceea ce El a propovăduit. Învățăturile etice ne arată modelul vieții lui Isus.

Aşadar, asigură-te că citeşti aceste învăţături etice privind peste umărul lui Isus. Să luăm, de exemplu, porunca, „Să nu preacurveşti" (Deut. 5:18). Isus a citit şi a înţeles această poruncă considerând-o ca învăţătură etică aplicabilă Lui, poruncă pe care trebuia să o împlinească pentru că era inclusă în ascultarea Sa de Tatăl. Ea L-a modelat ca un bărbat credincios. Ea a influenţat felul în care El avea să predice, lucru evident din accentul pus de El pe puritatea sexuală în Predica de pe Munte (Matei 5:27-30). În ultimă instanţă, păzirea Poruncii a Şaptea a contribuit la viaţa Lui neprihănită, viaţă pe care avea să o jertfească pe cruce pentru oameni corupţi sexual.

Sau să luăm aceste afirmaţii înţelepte din cartea Proverbe: „Nu-i răspunde nebunului după nebunia lui, ca să nu semeni şi tu cu el. Răspunde-i însă nebunului după nebunia lui, ca să nu se creadă înţelept" (Prov. 26:4-5). Isus a citit aceste învăţături şi le-a pus la inimă. El a cântărit felul în care să interacţioneze cu oamenii nebuni, provocându-i cu adevărul fără să Se coboare la nivelul lor. Mulţi creştini bine intenţionaţi se luptă să aplice această înţelepciune, făcând compromisuri în cuvintele sau acţiunile lor, în încercarea de a duce Evanghelia la prietenii lor pierduţi. Totuşi, aici se găseşte un alt punct în care să Îl admirăm pe Isus: în interacţiunile Lui cu cei necredincioşi, El nu S-a compromis niciodată nici pe Sine, şi nici adevărul. Putem admira interacţiunile Lui cu tot felul de necredincioşi, de la lideri curioşi la femei imorale şi până la mulţimile de oameni recalcitranţi (Ioan 3-5). Isus a împlinit toată înţelepciunea, trăind în viaţa Lui înţelepciunea lui Dumnezeu.

Aceste două exemple – puritatea sexuală şi înţelepciunea în conversaţii – ne pun în faţa unei întrebări legate de utilitatea învăţăturii etice în predicarea lui Hristos din Vechiul Testament. Deşi fiecare poruncă şi fiecare cuvânt de înţelepciune au fost împlinite în Isus, ele nu vor fi toate la fel de utile în predică. De exemplu, Isus n-a arat niciodată punând la acelaşi plug un bou şi un măgar, nici nu a purtat haine ţesute din fire amestecate de lână şi in (Deut. 22:10-11). Ascultarea Lui de aceste porunci ne oferă adevăruri clarificatoare despre Domnul nostru. Este încurajator să ne aducem aminte că Isus a împlinit aceste porunci în litera şi în spiritul lor, ca parte necesară a neprihănirii Sale. Cu toate acestea, este greu să ne imaginăm o predică în care aceste învăţături specifice să devină ideea centrală a mesajului.

Pe de altă parte, când ascultarea lui Isus de învăţăturile etice este observabilă şi când poţi nota că sublinierea ei clarifică felul cum noi, creştinii, ar trebui să trăim azi, această cale a împlinirii ne oferă o modalitate potrivită şi ziditoare de a-L predica pe Hristos.

Trebuie spuse mai multe lucruri despre aplicarea eticii Vechiului Testament la vieţile noastre. Stive de cărţi au fost scrise pe acest subiect. Voi continua această discuţie la pasul al treilea, unde vom trece de la împlinirea în Hristos la felul cum noi trăim în unire cu El. Pentru moment, totuşi, nu fi miop cum am fost eu – nu rata să observi legătura uimitor de clară dintre învăţăturile etice şi Persoana lui Hristos.

Majoritatea oamenilor au auzit de Sherlock Holmes, renumitul detectiv al lui Arthur Conan Doyle. Mai puţin cunoscut este, însă, personajul literar pe care s-a bazat Sherlock, C. Auguste Dupin. Dupin a fost creat de Edgar Allen Poe, care a scris trei nuvele avându-l în centru pe acest prototip al lui Sherlock. Într-una dintre nuvele, „Scrisoarea furată", Dupin recuperează o scrisoare furată ascunsă în camera de hotel a unui hoţ. Recuperarea scrisorii de către Dupin a uimit poliţia, care o căutase meticulos. Ei căutaseră până şi în cărţile din cameră, inspectându-le pagină cu pagină, au luat un microscop şi au examinat toate piesele de mobilier şi pardoseala, luând până şi probe de păr folosind ace foarte fine şi lungi. Fiecare centimetru pătrat din camera hoţului fusese cercetat de poliţie.

Aşadar, cum a fost posibil ca scrisoarea furată să le scape? *Pentru că ea fusese tot timpul la vedere.* Cunoscând metodele de lucru ale poliţiei, hoţul a pus scrisoarea respectivă într-un teanc de scrisori aflat la vedere, ascunzând-o astfel chiar într-un loc deschis. Totuşi, pentru că ştia cum gândesc hoţii, Dupin a găsit-o foarte uşor.

Eu mă simt un pic asemenea poliţiştilor din nuvela lui

Poe. Ani la rând am ratat să observ legătura evidentă dintre învățăturile etice și Hristos, deși ea se afla „ascunsă" înaintea ochilor mei. Am ratat să mă gândesc la felul cum Isus a împlinit învățăturile etice ale Scripturii în viața și învățătura Lui. Acum încerc să fiu mai mult ca Dupin, văzând calea către împlinire care se găsește acolo, la lumină. Pe măsură ce vei face același lucru, propria închinare înaintea lui Isus va fi îmbogățită, iar cei ce îți ascultă predicile vor fi zidiți.

Textul biblic pe care ți l-ai ales conține învățături etice? Dacă da, el te învață despre Isus. El a urmat perfect aceste învățături și le-a interpretat complet. Așadar, nu Îl ocoli în drumul tău către aplicațiile predicii. Nu rata oportunitatea de a înălța viața și învățătura lui Isus pentru ca toți să le admire.

UMANITATEA DECĂZUTĂ: ISUS POARTĂ POVARA PĂCATULUI ȘI SUFERĂ

Eu am trăit în statul Tennessee mare parte din viața mea, și nu voi uita niciodată o reclamă TV anume, care era difuzată pe când eram copil. Nu știu dacă reclamele au nume, dar eu m-am referit întotdeauna la aceea cu numele „Gunoiul din Tennessee". Reclama prezenta un bărbat zdrențuros într-un costum de haine alb, dar murdar, conducând o mașină decapotabilă hodorogită. Pe măsură ce conducea, acel bărbat împrăștia gunoi din mașina lui pe toată șoseaua. El arunca tot felul de cutii de aluminiu, pahare de sticlă, hârtii – tot ce îți poate trece prin cap. Ele zburau din mașina lui ca niște focuri de artificii. Într-un anume loc, bărbatul s-a oprit ca să arunce o saltea îmbâcsită de pe scaunul din față! În tot acest timp, pe fundal se derula o melodie zgomotoasă care spunea: „prieteni, nu există vreo clasă inferioară gunoiului din Tennessee".

Reclama se încheia cu acea mașină pierzându-se la orizont, continuând să verse din ea gunoi la fiecare metru de șosea. Apoi erau puse pe ecran următoarele cuvinte: „L-am întâlnit pe dușman, iar acela suntem noi!"

„Gunoiul din Tennessee" făcea parte dintr-o inițiativă împotriva aruncării gunoiului în spații nepermise. Ea este de asemenea o metaforă bună a omenirii decăzute. Noi toți mergem pe autostrada vieții, împroșcând relațiile și lumea noastră cu neascultarea noastră de Dumnezeu. Gunoiul din interior este azvârlit peste tot ce ne înconjoară. Suntem o epavă, și noi suntem cei care au distrus totul.

Aproape fiecare pagină a Scripturii mărturisește despre această stare decăzută. Gândește-te la păcat și la suferință așa cum sunt prezentate chiar de la primele capitole ale Bibliei. În așa-zisa istorie universală a omenirii de dinaintea chemării lui Avram (Gen. 1-11), îi putem vedea pe Adam cel ce încalcă porunca, pe Cain care își ucide fratele, pe fiii lui Dumnezeu ca niște oameni care nu se pot înfrâna de la poftele lor, pe Noe care abuzează de alcool, pe Ham care își batjocorește tatăl, și întregul pământ ca ziditori ai turnului Babel. Și acesta este doar începutul Bibliei!

Lucrurile nu s-au ameliorat după chemarea lui Avram. De la Geneza 12 înainte, vedem invidie, înșelătorie, incest, cârteli, boală, suferință, infertilitate, secetă, foamete, prostituție, adulter, homosexualitate și toate felurile de necredincioșie față de legământul cu Dumnezeu. Sângele curge de la Abel până la Zaharia (Luca 11:51) – și un munte de gunoaie între cei doi. Reclama cu „gunoiul din Tennessee" a înțeles bine care este concluzia: l-am întâlnit pe dușman, și acela suntem noi.

Din fericire, fiecare circumstanță în care vedem omenirea decăzută ne oferă un teren fertil pentru predicarea lui Hristos. Când textul se focalizează pe păcat și suferință – indiferent dacă o vedem în acțiuni lipsite de credință, în neascultare, în relații distruse, în dezastre, exil sau moarte – calea către Hristos este lată și clară. „Iată un alt exemplu de ce avem nevoie de un Mântuitor!", poate exclama predicatorul. „Iată de ce Dumnezeu L-a trimis pe Fiul Său în lume!"

Omenirea decăzută ne arată că avem nevoie de Isus. „O, adevărat și cu totul vrednic de primit este cuvântul, care zice: ,Hristos Isus a venit în lume ca să îi mântuiască pe cei păcătoși'" (1 Tim. 1:15). Isus împlinește realitățile triste ale căderii făcându-Se blestem pentru noi (Gal. 3:13). Prin răstignirea și învierea Lui, El face ispășire pentru păcat și triumfă asupra răului. Crucea și mormântul gol sunt semnalul venirii distrugerii asupra lumii, asupra firii pământești și asupra diavolului. Ce bucurie ca predicatorul să proclame că, în Hristos, efectele oribile ale căderii omului în păcat sunt inversate, și toate lucrurile sunt făcute noi (2 Cor. 5:17; Efes. 2:1-10; Col. 2:13-15)! Ce bucurie să predici venirea zilei când glasurile puternice vor anunța din Cer: „Împărăția lumii a trecut în mâinile Domnului nostru și ale Hristosului Său. Și El va împărăți în vecii vecilor" (Apoc. 11:15)!

Sublinierea binecunoscută făcută de Bryan Chapell pe tema focalizării pe starea decăzută a omului se potrivește în această categorie de versete. În excelenta sa carte, *Christ-Centered Preaching*, Chapell susține că toată Scriptura ilustrează starea decăzută a omenirii. Fiecare iotă a Bibliei ne arată gândirea noastră deficitară, ne corectează purtarea noastră și ne echipează pentru neprihănirea prin credința în Isus Hristos (2

Tim. 3:15-17). Cu alte cuvinte, fiecare pasaj ne descoperă nu doar nevoia mântuirii, ci ne arată şi felul cum harul lui Dumnezeu în Hristos împlineşte în fapt acea nevoie. Întâmplarea povestită de Chapell subliniază memorabil acest adevăr:

> Pe când eram copil, mama şi-a luat o după-amiază întreagă ca să pregătească un fel special de budincă de ciocolată pentru familia noastră, care număra opt persoane. Totuşi, când a adus fabulosul desert la masă, impactul a fost pătat de semnele adânc lăsate de degetul unui copil chiar în mijlocul castronului. Cineva se furişase şi gustase prea devreme din budincă. Mama a întrebat: „Cine a făcut asta?" Nimeni nu a mărturisit, dar asta nu a oprit investigaţia mamei mele. Ea pur şi simplu a început să compare urma din budincă a degetului cu mărimea degetelor fiecăruia dintre noi, până a găsit copilul al cărui deget se potrivea (nu era degetul meu). Acea urmă de deget nu doar că a scos la iveală faptul că budinca era incompletă, ci îl identifica şi pe cel care avea să umple golul. Amprenta lui Dumnezeu pusă peste lipsa noastră de desăvârşire ilustrată într-un pasaj al Scripturii nu demonstrează doar un aspect al decăderii noastre, ci ne arată şi natura şi caracterul Aceluia care ne poate desăvârşi.[3]

Vieţile noastre şi întreaga creaţie bună a lui Dumnezeu

---

[3] Bryan Chapell, *Christ-Centered Preaching: Redeeming the Expository Sermon* (Grand Rapids: Baker, 1994), p. 271.

au fost pătate de amprenta adâncă a păcatului. Şi totuşi, harul răscumpărător al lui Dumnezeu a venit la noi în Persoana şi lucrarea lui Hristos – şi el umple golul. Hristos este soluţia la căderea omului.

Nu încape îndoială că Isus a simţit povara nevoii omului atunci când a citit Vechiul Testament. El a ştiut care era scopul pe care a venit să îl împlinească în lume (Matei 16:21; Evrei 10:5-6). Crucea trebuie să fi părut tot mai mare în mintea Lui atunci când a privit către prezentările biblice ale păcatului şi suferinţei. Cu fiecare circumstanţă care prezenta necredincioşia şi neascultarea noastră, cu fiecare situaţie care demonstra suferinţa cauzată de blestem, cu fiecare poruncă încălcată şi proverb repudiat, povara misiunii însângerate a lui Isus a devenit tot mai palpabilă. El era un Om ce mergea înainte către o condamnare la moarte pentru păcate care nu Îi aparţineau. Citind Scriptura, acest lucru L-a pregătit pe Isus pentru cruce. Misiunea Lui de a muri ca jertfă ispăşitoare a fost adâncită de Biblie. Aceleaşi pasaje care ne demonstrează nevoia de a avea un Mântuitor L-au afectat profund pe Isus.

Astfel, când ideea centrală a textului ales de tine pentru predică este focalizată pe umanitatea noastră decăzută, ai înaintea ta o cale clară către Isus. Păcatul şi suferinţa ne arată că avem nevoie de moartea răscumpărătoare a lui Hristos şi de învierea Lui dătătoare de viaţă. Oriunde vedem păcat şi suferinţă, acolo este nevoie de lucrarea lui Hristos. Aşa cum spune atât de frumos acea cântare, „El vine să toarne bine-cuvântările Lui acoperind tot blestemul". Oriunde există blestem, acolo va fi şi Hristos.

Indiferent dacă predici căderea lui Adam, răzvrătirea lui Core, înfrângerea lui Israel la Ai, moartea lui Uza, sufe-rinţa lui Iov sau chiar o serie de mesaje din cartea Proverbe, vei descoperi că este uşor să treci de la acele pasaje biblice la păcătoşenia noastră, şi apoi la mângâierea dată de Evanghe-lie. Isus este Mântuitorul care a murit şi a înviat pentru a rezolva problema omniprezentă a păcatului şi suferinţei.

REVELAŢIA TIPOLOGICĂ: UMBRA LUI ISUS ÎN IMAGINI ŞI ARHETIPURI

Dintre toate căile în care Isus împlineşte Vechiul Tes-tament, tipologia ridică majoritatea întrebărilor. Iar dacă ti-pologia nu este folosită bine, ea va ridica şi cele mai multe sprâncene! Tipologia este intens dezbătută, şi asta până acolo încât se dezbate fiecare cuvânt.

Ai văzut acele semne rutiere care marchează sectoare de drum în lucru, care au nişte lumini intermitente portocalii? Închipuie-ţi unul dintre acele semne chiar aici. Trebuie să înaintăm cu atenţie, dar trebuie să înaintăm.

În ceea ce priveşte tipologia, fiecare predicator ar trebui să răspundă la următoarele trei întrebări-cheie:

- Ce este un arhetip?
- Ce exemple de tipologie se găsesc în Biblie?
- Este corect să vedem un model tipologic acolo unde nu există nicio trimitere prin care să fie identificat ca atare?

Ce este un arhetip? Vreau să începem cu o definiţie – sau cu două sau trei definiţii! În primul rând, şi cel mai elementar, un arhetip este, simplu spus, un model [sau şablon, n.tr.]. Un arhetip este teologia în formă ilustrativă. Aşa cum spunea David Murray, „este un fel de teologie vizuală. Dumnezeu a ilustrat adevărul ca să predice adevărul".[4]

Dacă ar fi să detaliez un pic, un arhetip este o *umbră* a unei realităţi mai mari, care constituie *substanţa* (Col.

---

[4] David Murray, *Jesus on Every Page: 10 Simple Ways to Seek and Find Christ in the Old Testament* (Nashville: Thomas Nelson, 2013), p. 136. Definiţia lui Murray include de asemenea tipologia vrăjmaşilor lui Isus, dar eu am limitat aici focalizarea noastră pe tipologiile lui Hristos.

2:16-17). Umbra poate fi o persoană, un eveniment sau o rânduială din Vechiul Testament, pe care Dumnezeu a conceput-o ca să prefigureze ceva mai mare decât ea. În ce privește predicarea lui Isus, vorbim despre o umbră a cărei substanță este Hristos.

În al treilea rând, și cel mai precis, un arhetip este „o persoană reală, un loc, obiect sau chiar eveniment rânduit de Dumnezeu ca să acționeze ca șablon predictiv sau ca o asemănare cu Persoana și lucrarea lui Isus". Murray ne oferă, iată, o definiție utilă, detaliind-o în felul următor:

- *Un arhetip este o persoană reală, un loc, obiect sau eveniment real:* el este adevărat, real și factual – nu o alegorie inventată.

- *rânduit de Dumnezeu:* el nu este o asemănare cu Persoana și lucrarea lui Isus prin simpla coincidență, ci prin planul divin.

- *ca să acționeze ca șablon predictiv sau ca o asemănare:* același adevăr se găsește în imaginea din Vechiul Testament și în împlinirea ei din Noul Testament.

- *cu Persoana și lucrarea lui Isus:* adevărul din imaginea predictivă este lărgit, sporit și clarificat în împlinire.[5]

---

[5] Ibid., p. 138.

Dacă înțelegi aceste trei definiții, felicitări! Ai o înțelegere rudimentară, dar solidă, a tipologiei biblice. Bineînțeles că, dacă ne oprim aici, vom fi acuzați de suprasimplificare. Așa că trebuie să continuăm. Hai să facem mai clară teologia vizuală, privind la câteva exemple biblice.

Ce exemple de tipologie se găsesc în Biblie? Unul dintre primele și cele mai fundamentale arhetipuri din Scriptură este cel al primului om, Adam:

> Totuși moartea a domnit, de la Adam până la Moise, chiar peste cei ce nu păcătuiseră printr-o călcare de lege asemănătoare cu a lui Adam, care este o icoană preînchipuitoare a Celui ce avea să vină... Dacă deci, prin greșeala unuia singur, moartea a domnit prin el singur, cu mult mai mult cei ce primesc, în toată plinătatea, harul și darul neprihănirii, vor domni în viață prin acel unul singur, care este Isus Hristos!)... Astfel dar, după cum printr-o singură greșeală, a venit o osândă, care i-a lovit pe toți oamenii, tot așa, printr-o singură hotărâre de iertare a venit pentru toți oamenii o hotărâre de neprihănire care dă viața. Căci, după cum prin neascultarea unui singur om, cei mulți au fost făcuți păcătoși, tot așa, prin ascultarea unui singur om, cei mulți vor fi făcuți neprihăniți (Rom. 5:14, 17-19).

Folosind definițiile de mai sus, să observăm că Adam este o persoană reală, pe care Dumnezeu l-a rânduit să fie ca „o icoană preînchipuitoare [sau arhetip, lit. ESV] a Celui ce avea să vină". Cu alte cuvinte, Adam a fost un șablon predictiv pentru Hristos. Atât Adam cât și Hristos stau în fruntea unui șir de oameni – Adam pentru toți cei condamnați și muritori, iar Isus pentru toți cei ce sunt îndreptățiți și înviați. În contrastul dintre cei doi, trebuie să observăm desăvârșirea arhetipului. Adam a călcat porunca, dar Isus a acționat neprihănit. Adam a fost neascultător și, astfel, i-a făcut pe mulți să fie păcătoși, dar Isus a ascultat și i-a făcut pe mulți să fie neprihăniți. O astfel de trecere de la imperfect la perfect este ceva obișnuit în tipologie. Umbra îi face loc substanței!

Zilele speciale din Biblie ne oferă un alt exemplu de arhetip. Iată ce ne învață apostolul Pavel:

> Nimeni dar să nu vă judece cu privire la mâncare sau băutură, sau cu privire la o zi de sărbătoare, cu privire la o lună nouă, sau cu privire la o zi de Sabat, care sunt umbra lucrurilor viitoare [a lucrurilor care aveau să vină, lit. ESV], dar trupul [substanța, lit. ESV] este al lui Hristos (Col. 2:16-17).

Observă aici că apostolul Pavel ne folosește exprimarea prin termenii „umbră" și „substanță". Printre altele, Pavel ne spune că zilele speciale din vechiul legământ erau umbre ale lui Hristos. Cu alte cuvinte, Dumnezeu le-a conceput ca să fie schițe sugestive ale unei realități viitoare, iar Hristos le împlinește fiind în El însuși substanța tuturor lucrurilor ilustrate de acele schițe.

Templul și sistemul jertfelor constituie alte exemple de arhetipuri binecunoscute. Privește cu atenție la cuvintele lui Isus de mai jos și la cele ale autorului Epistolei către Evrei:

> Drept răspuns, Isus le-a zis: „Stricați Templul acesta, și în trei zile îl voi ridica". Iudeii au zis: „Au trebuit patruzeci și șase de ani ca să se zidească Templul acesta, și Tu îl vei ridica în trei zile?" Dar El le vorbea despre Templul trupului Său (Ioan 2:19-21).

> În adevăr, Legea, care are umbra bunurilor viitoare [care aveau să vină, lit. ESV], nu înfățișarea adevărată a lucrurilor, nu poate niciodată, prin aceleași jertfe, care se aduc neîncetat în fiecare an, să îi facă desăvârșiți pe cei ce se apropie... Căci printr-o singură jertfă El [Hristos] i-a făcut desăvârșiți pentru totdeauna pe cei ce sunt sfințiți (Evrei 10:1, 14).

Când Isus a citit despre închinarea la Templu și despre jertfe, El S-a văzut pe Sine în ele. Dacă vom citi privind peste umărul Lui, am putea să Îl auzim spunând: „Aici sunt, schițat sub forma unui ceremonial. Iată ce am venit să împlinesc". Prin viața, moartea și învierea Lui, Isus a înțeles că El era substanța tuturor lucrurilor ilustrate de aceste rânduieli. El era întruchiparea prezenței lui Dumnezeu, Cel în care Îl întâlnim pe Tatăl, și jertfa finală și desăvârșită pentru păcătoși.

Noul Testament ne oferă numeroase alte exemple de arhetipuri: Melhisedec (Evrei 7:2-3); Moise (F.A. 3:22); David (Matei 1:1); Solomon (Luca 11:31); Iona (Matei 12:40-

41); Israel (Matei 2:13-15); preoția (Evrei 10:1-7) etc.. Revelația tipologică este un teren bun pentru predicarea lui Hristos.

Este corect să vedem un model tipologic acolo unde nu există nicio trimitere prin care să fie identificat ca atare? Aici se găsește aspectul central al disputelor legate de tipologie. Felul în care vei răspunde la această întrebare depinde în mare măsură de ceea ce crezi despre natura tipologiei. Pe de o parte, dacă tu crezi că arhetipurile sunt umbre ale lui Hristos, pe care Dumnezeu le-a așezat intenționat în istoria răscumpărării (așa cum le-am definit mai devreme), vei fi mai puțin înclinat să vezi un arhetip fără a avea un temei scriptural anume. Scriptura trebuie să interpreteze Scriptura. Altfel, cum *știi* că Dumnezeu a vrut ca o anume persoană, un anume eveniment sau o anumită rânduială să fie un arhetip?

Pe de altă parte, dacă tu crezi că arhetipurile sunt mai puțin o parte din țesătura profetică a Scripturii, dar mai mult ca niște simboluri evanghelice pe care Isus și apostolii le-au impus Vechiului Testament, vei fi mai înclinat să tratezi un arhetip în lipsa unei trimiteri care să îl valideze. În această perspectivă, tipologia nu are atât de mult de-a face cu planul divin, pe cât cu imaginația pusă la lucru în interpretarea textului.

În ultima abordare există, desigur, mai multă libertate de interpretare. Dar aici există și pericole mai mari. Mulți predicatori au abuzat de tipologie. Probabil că ai auzit deja exemple rele de astfel de tipologii, cum ar fi:

- „Neemia rezideşte porţile cetăţii. Una dintre aceste porţi este denumită Poarta Oilor, ceea ce mă duce cu gândul la păstori, lucru care îmi reaminteşte de Bunul Păstor, adică Isus. Poarta oilor este un arhetip al lui Hristos!"

- „Regele Ahaşveroş întinde sceptrul lui de aur către Estera, aşa încât ea să se poată apropia de el. Dumnezeu trebuie să ne dea har ca să ne putem apropia de El. Aşadar, sceptrul de aur al lui Ahaşveroş este un arhetip al lui Hristos!"

- „Măgăriţa lui Balaam l-a mustrat pe acesta, pentru că el era un învăţător mincinos. Isus i-a mustrat pe învăţătorii mincinoşi. De aceea, măgăriţa lui Balaam este un arhetip pentru Hristos!"

Astfel de erori tipologice ar trebui tratate cu cartonaşul roşu. Identificarea unui arhetip autentic nu este un exerciţiu de asociere liberă de lucruri! Întrebarea-cheie este aceasta: „Cum *ştim* că Poarta oilor, sceptrul regelui sau măgăriţa profetului nu sunt arhetipuri ale lui Hristos?" De ce n-ar trebui să considerăm că exemple de acest fel sunt legitime? Dacă tipologia înseamnă să îţi foloseşti imaginaţia ca să transformi detalii ale Vechiului Testament în simboluri ale Evangheliei, atunci în realitate n-ar trebui să avem niciun temei pentru a spune că o interpretare sau alta ar fi exagerată.

Dar tipologia nu are de-a face cu imaginaţia în interpretarea Bibliei. Felul în care noi ştim că unele pasaje sunt tipologice, iar altele nu – singura cale în care putem şti asta – este să folosim temeiul biblic. Scriptura trebuie să ne arate care sunt umbrele. Şi ea chiar face acest lucru! Dar cum? Prin criteriile de corespondenţă tipologică.

Asemenea diferitelor straturi de roci, Scriptura are straturi de trimiteri şi referinţe care îi permit predicatorului să identifice prezenţa elementelor tipologice în pasajul din care predică.[6] **Referinţele explicite** formează stratul de bază. Când o referinţă identifică explicit un element al textului ales pentru predică drept arhetip, poţi fi sigur că interpretezi corect acea tipologie. În plus, odată ce tipologia unei persoane, a unui eveniment sau a unei rânduieli a fost stabilită explicit, eşti justificat să explorezi gama de legături tipologice dintre acel arhetip şi Hristos, chiar şi atunci când pasajul din care predici nu conţine nicio referinţă sub forma trimiterilor.

Să luăm exemplul lui David. Scriptura ne învaţă că David a fost un arhetip pentru Hristos, astfel că nu greşim când identificăm umbre ale lui Hristos în viaţa lui David, chiar dacă nu avem o referinţă sau trimitere pentru fiecare

---

[6] Îi sunt recunoscător lui Stephen Wellum pentru că a subliniat nevoia temeiului biblic în tipologie, şi lui Dennis Johnson pentru lucrarea sa atentă legată de stabilirea temeiului biblic. Imaginea straturilor de trimiteri/referinţe îi aparţine lui Johnson. Vezi *Him We Proclaim: Preaching Christ from All the Scriptures* (Phillipsburg: P&R Publishing, 2007), p. 199-217.

legătură în parte. Mulți au identificat o umbră a lui Isus în uciderea lui Goliat de către David; sau în faptul că David a manifestat îndurare față de Mefiboșet și i-a dat acestuia un loc la masa regelui; sau în mulți dintre psalmii lui David, care sunt ca o imagine profetică a lui Hristos. Referințele sau trimiterile nu sunt necesare pentru fiecare dintre aceste legături, pentru că Scriptura a stabilit deja că David este arhetip al lui Hristos. Legăturile există deja în sfera extinsă a semnificației tipologice a lui David.

Prin contrast, deși Biblia îl prezintă explicit pe David ca arhetip pentru Hristos, ea nu spune același lucru despre Saul, Ionatan sau Absalom. De aceea, predicatorul ar trebui să se ferească să vadă în ei trăsături tipologice ale lui Hristos. În fapt, personaje și circumstanțe biblice importante pot să fie umbre ocazionale ale lui Isus, dar în absența unei referințe explicite care să stabilească semnificația lor tipologică, nimeni nu poate fi absolut sigur de această corespondență tipologică.

Un al doilea strat al trimiterilor este format din **aluziile probabile.** În timp ce referințele explicite sunt imposibil de ratat, aluziile probabile sunt mai puțin evidente. Cu toate acestea, Isus și apostolii par să facă frecvent aluzie la pasaje din Vechiul Testament, adeseori într-o manieră tipologică. De exemplu, în Ioan 3:16, este probabil ca expresia „singurul Fiu" al lui Dumnezeu să facă aluzie la circumstanța cu Isaac din Geneza 22. Ioan îl vede pe Isaac, aproape să fie jertfit, ca pe un arhetip care îşi găseşte împlinirea în Hristos, care, ca singurul Fiu al lui Dumnezeu, nu avea să fie scutit de moarte. Şi Samuel pare să funcţioneze ca un arhetip al lui Hristos, aşa cum este indicat prin legătura pe care Luca o face între cei doi fii (Luca 2:52; 1 Sam. 2:26). Interesant este că Luca pare să îl vadă şi pe Ilie în felul acesta. În Luca 4-9 ne sunt prezentate diferite aspecte ale lucrării profetului, care îşi găsesc ecoul în lucrarea lui Isus – de la faptul că fiecare este trimis la o văduvă dintre Neamuri, la învierea fiului unei văduve, la aluziile făcute despre focul chemat din Cer, şi până la faptul că amândoi sunt „luaţi" la Cer.

Acestea formează doar un eşantion al numeroaselor aluzii tipologice probabile care fac legătura între Noul şi Vechiul Testament. Ce chemare deosebită avem să ne cunoaştem bine Bibliile, aşa încât să nu ratăm să observăm aceste aluzii! Certitudinea cu care predicăm despre un arhetip pe baza unei aluzii poate fi mai mică decât atunci când textul nostru este legat de împlinirea în Hristos printr-o trimitere explicită. Dar dacă aluzia este probabilă, putem să Îl predicăm pe Hristos prin credinţă.

Cel mai de la suprafaţă strat al trimiterilor este cel al **legăturilor subtile.** Legăturile tipologice subtile nu sunt explicite, nici nu constituie aluzii. Totuşi, semnificaţia lor tematică sau în legătură cu legămintele ca model al lui Hristos este subliniată în altă parte din Biblie, în afara textului ales pentru predică. Să luăm exemplul lui Iosif, căruia i se acordă multă atenție în cartea Geneza. Atât cât cunosc eu, între Iosif și Isus nu există nicio referință explicită și nici vreo aluzie probabilă. Cu toate acestea, în ultima sa predică înainte de a fi ucis cu pietre, Ștefan trece prin istoria legămintelor vorbind despre Iosif ca un personaj respins, prin care Dumnezeu a adus răscumpărarea (F.A. 7:9-16). Legătura tipologică este subtilă, dar ea există. Viața lui Iosif pare să fie rânduită de Dumnezeu cu intenția de a fi o preumbrire a suferințelor lui Isus și a mântuirii procurate de El, la fel ca viața lui Moise și ca viețile profeților de după el (F.A. 7:20-53). Scriptura face și alte legături subtile - care nu sunt niște simple asemănări întâmplătoare cu Isus, impuse textului în vreun fel. Umbrele sunt prezente cu adevărat, fiind gândite divin și validate chiar de Scriptură.

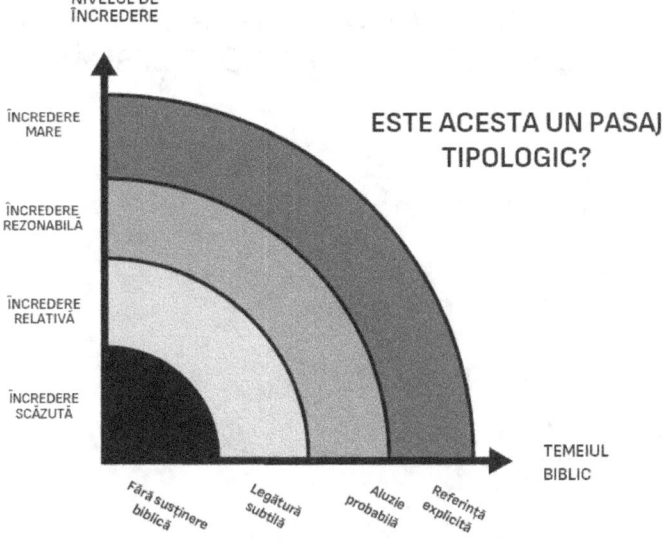

Când Isus a citit Vechiul Testament, El a văzut acolo umbrele vieții, morții și învierii Sale; El a văzut Împărăția pe care venise să o întemeieze. Tatăl rânduise providențial istoria ca să includă aceste imagini și umbre, toate urmând să fie împlinite în Fiul Său. Felul în care Îl înțelegem pe Isus va fi sărac dacă ignorăm această categorie profund biblică de elemente care vorbesc despre împlinire. Dacă vrea să Îl predice pe Hristos, fiecare predicator trebuie să caute să identifice prezența elementelor tipologice legitime. Noi nu vrem să vedem umbre acolo unde ele nu există, dar nici nu vrem să le ratăm pe cele existente. Ne va fi de ajutor să fim cu ochii deschiși la referințele explicite, la aluziile probabile și la legăturile subtile. Există în textul ales pentru predica ta un element tipologic care vorbește despre Hristos? Nu te teme să Îl predici pe Isus ca împlinirea acelui arhetip.

PROGRESIA NARATIVĂ: ISTORIA LUI ISUS ÎN CIRCUMSTANȚELE CU PERICOLE ȘI SCĂPĂRI

Este greu să vorbești despre circumstanțe din istorie fără să te gândești la super-eroi. Filmele cu astfel de eroi au fost extrem de populare. De unde vine Batman? Cum era familia lui? Cum a crescut el? Care a fost momentul definitoriu, sau momentele din trecutul lui care l-au făcut să fie cine a fost? Noi ne înghesuim la cinematografe ca să auzim răspunsurile la aceste întrebări, acționând ca niște psihologi amatori așezați în rânduri, unii în spatele altora, pe scaune confortabile, sondând adâncimile cutiilor de floricele de porumb și ale poveștilor personajelor noastre favorite.

Dar fascinația noastră pentru istorie nu este limitată la eroii de ficțiune. De multe ori, atunci când dăm peste oameni interesanți, influenți sau excentrici, vrem să știm mai multe lucruri despre ei. Vrem să înțelegem ce i-a modelat așa încât să ajungă cine sunt.

Desigur, Isus are o istorie în spatele Lui – și ce istorie! Anunțat de îngeri, născut dintr-o fecioară, așezat într-un staul, vizitat de păstori și de magi, vânat de rege, refugiat în Egipt, crescut într-un cătun din Galileea. Dar istoria lui Isus conține mai mult decât aceste detalii care ni se dau în Noul Testament. În fapt, chiar Noul Testament vrea să ne conducă înapoi până la Geneza (și chiar mai în urmă de ea) pentru a înțelege istoria lui Isus: „La început era Cuvântul, și Cuvântul era cu Dumnezeu, și Cuvântul era Dumnezeu" (Ioan 1:1).

Fiind Fiul veșnic al lui Dumnezeu, istoria lui Isus

merge până în veşnicia trecută şi cuprinde totul, de la creaţia lumii şi până la naşterea Lui la Betleem. Cu alte cuvinte, întreg Vechiul Testament este parte din istoria lui Isus.

Când învăţăm care este istoria lui Isus, nu trebuie să acordăm atenţie doar detaliilor istorice, ci şi detaliilor *prezentate narativ* în Vechiul Testament. Prin progresia narativă, noi vedem felul cum firul narativ al istoriei răscumpărării curge către Hristos prin Vechiul Testament. Isus împlineşte istoria grandioasă a Bibliei. El este punctul terminus al unei istorii ce începe în grădina din Geneza şi se încheie în grădina cetăţii din Apocalipsa.

Mare parte din Lege, toţi primii proroci şi o parte a cărţilor biblice de înţelepciune – adică de la Geneza până la Estera – sunt alcătuite din prezentări narative. Aceste naraţiuni relatează revelaţia lui Dumnezeu în progresia ei în timp, urmând linia narativă întemeiată în făgăduinţele din legăminte şi atingând apogeul în Hristos.

Din nefericire, este uşor să luăm aceste naraţiuni şi să trecem direct la aplicaţiile lor în vremea noastră, fără să căutăm să le înţelegem locul în cursul istoriei răscumpărării. Această greşeală este cauza multor predici lipsite de Hristos şi moraliste, ca să nu mai spun de erezia evangheliei prosperităţii. Trebuie să nu mai facem această greşeală. Naraţiunea Vechiului Testament ne prezintă istoria lui Isus, iar predicatorul căruia îi pasă de predicarea lui Hristos va face legătura dintre cele două.

Pentru a face acest lucru, trebuie să ne întrebăm: „Ce loc ocupă această narațiune în cursul istoriei răscumpărării? Cum mă ajută acest lucru să fac progresia către Isus?"

Să luăm exemplul istoriei lui Iacov și Esau. Relația dintre ei nu are de-a face cu o banală rivalitate între frați, ci cu felul în care făgăduința făcută de Dumnezeu lui Avraam, prin legământ, avea să meargă înainte către împlinire. Făgăduința avea să meargă înainte prin fiul cel mic, nu prin cel mare. Și, pentru a face conflictul mai intens, fiul cel mai mic nu este tocmai un model de virtute. Istoria lor ne pune în fața următoarei întrebări: „Cum Își va împlini Dumnezeu făgăduința printr-un frate mai mic și printr-un înșelător ca Iacov?" Aceasta este tensiunea reală a istoriei lor, iar rezolvarea acelei tensiuni fie va descătușa Evanghelia, fie ne va duce un pas mai aproape de ea. Lumea nu L-ar fi avut pe Isus dacă făgăduința lui Dumnezeu ar fi eșuat în Iacov. Astfel, noi predicăm despre rivalitatea dintre frați, dar ideea centrală a predicii noastre nu este că frații și surorile ar trebui să se înțeleagă bine între ei, ci noi subliniem felul cum rivalitatea dintre Iacov și Esau amenința chiar viitorul lui Hristos, și cum, în credincioșia și îndurarea Lui, Dumnezeu a îndepărtat acea amenințare. Noi predicăm istoria Vechiului Testament ca istoria trecută a marii Istorii.

Împlinirea în Hristos prin progresia narativă se aplică

și primilor profeți. Să luăm exemplul cuceririi Canaanului. Circumstanțele prin care Canaanul a fost cucerit nu sunt niște povestioare morale despre cum să ai curaj precum Iosua, așa încât Dumnezeu să îți lărgească frontierele vieții. Nu, ci cucerirea Canaanului vorbește despre cât de credincios este Dumnezeu în împlinirea făgăduinței Lui de a așeza poporul Său în țara promisă (Iosua 21:45). Făgăduința este la mijloc aici. Dacă Dumnezeu nu avea să Își stabilească poporul așa cum făgăduise, atunci El ar fi mințit, iar lumea nu L-ar fi avut pe Isus. Astfel, în predicile tale din cartea Iosua, cheamă-i pe oameni la credința curajoasă în făgăduințele lui Dumnezeu, încurajându-i din narațiunea cuceririi Canaanului cu adevărul că Dumnezeu a fost *întotdeauna* credincios în împlinirea făgăduințelor Sale. Predică aceste evenimente narative din Vechiul Testament ca parte din trecutul marii narațiuni.

Istoria Esterei este asemănătoare. Cartea Estera nu este o poveste de moralitate despre ce nevoie mare are lumea de femei puternice. Cartea Estera vorbește despre felul în care Dumnezeu orchestrează providențial evenimentele ca să-Și protejeze poporul și ca să ocrotească făgăduința răscumpărării pe care o făcuse. Este minunat că femeile sunt adesea instrumente-cheie în lucrarea răscumpărătoare a lui Dumnezeu în această lume. Noi putem sublinia acest fapt și să le încurajăm pe femei (și pe bărbați) să aibă încredere în Dumnezeu asemenea Esterei. Dar imaginea mai mare care ni se descoperă vine prin amenințarea lui Haman la adresa evreilor. Dacă poporul lui Dumnezeu ar fi pierit, făgăduințele lui Dumnezeu ar fi eșuat. Arborele genealogic al lui Isus ar fi fost doborât, iar lumea nu L-ar fi avut pe Isus. Ce moment definitoriu în istoria lui Isus! Așadar, predică această parte narativă a Vechiului Testament ca parte din trecutul marii narațiuni.

Cred că ai înțeles ideea. Părțile narative din Vechiul Testament ne spun istoria lui Isus din vechime. Ele ne arată cum Dumnezeu Își duce la îndeplinire făgăduințele de răscumpărare. Ele surprind deseori o amenințare la adresa făgăduințelor legămintelor lui Dumnezeu, după care ne arată cum El rezolvă acea amenințare, astfel încât făgăduința Lui să meargă înainte – *până la împlinirea ei în Hristos.*

Isus trebuie să fi citit aceste episoade narative ca propria istorie. El trebuie să fi simțit amenințarea unică pe care fiecare dintre ele o avea față de existența Lui întrupată, astfel că trebuie să fi celebrat atunci când fiecare a fost rezolvată prin credincioșia Tatălui Său. Evident că ritmul narativ al Vechiului Testament – amenințare și rezolvare, amenințare și rezolvare, amenințare și rezolvare – L-au pus pe Isus sub amenințarea răstignirii Lui. Ce amenințare trecută din istoria răscumpărării n-a fost rezolvată de Tatăl Său? Niciuna? Atunci Dumnezeu avea să împlinească în mod cert făgăduința Lui în momentul ei de apogeu, prin învierea Fiului Său.

Nu trece de la narațiunea istorică la aplicațiile din zilele noastre fără să priveşti înainte înspre Isus. Asigură-te că înţelegi felul cum fiecare naraţiune din Biblie, oricât de mică, formează istoria lui Isus din vechime, Cel care este istoria grandioasă a întregii Biblii.

TEMA TEOLOGICĂ: IMAGINEA LUI ISUS ÎN ACȚIUNILE ȘI ATRIBUTELE LUI DUMNEZEU

Unele pasaje din Vechiul Testament au ca punct principal o temă teologică a cărei împlinire se găseşte în Hristos. Tema se poate referi la dreptate, mânie, judecată, milă, iertare, dragoste sau sfinţenie, ca să enumăr doar câteva dintre ele. Când textul este concentrat pe o temă teologică, predicatorul trebuie să ia în considerare felul cum tema se raportează la Persoana şi lucrarea lui Hristos. Mai specific, vei descoperi că temele teologice au legătură deseori cu o acţiune sau cu un atribut al lui Dumnezeu. Când Dumnezeu acționează în istoria mântuirii sau când textul subliniază unul dintre atributele Sale, procedezi corect făcând o legătură între acea acțiune sau acel atribut și Isus. La urma urmei, Isus este „chipul Dumnezeului celui nevăzut" (Col. 1:15). Așa cum ne spune Ioan, „nimeni n-a văzut vreodată pe Dumnezeu; singurul Lui Fiu, care este în sânul Tatălui, Acela L-a făcut cunoscut" (Ioan 1:18). De aceea, a observa acțiunile și atributele lui Dumnezeu în Vechiul Testament înseamnă să ai o priveliște anticipativă a lui Isus, pentru că Isus ni-L revelează pe Dumnezeu în trup. Isus *este* Dumnezeu-în-trup!

Hai să mergem mai adânc în această idee analizând trei pasaje din Vechiul Testament. Să luăm exemplul istoriei despre via lui Nabot. Nu Nabot este ideea centrală a acelei narațiuni, dar ea ne slujește ca prilej cu care vedem răutatea lui Ahab și a Izabelei (1 Împ. 21:25). Nici Ahab și nici Izabela nu constituie ideea centrală a narațiunii, dar ei sunt prilejul în care vedem o acțiune surprinzătoare a lui Dumnezeu, care are loc chiar în ultimul verset al acelei narațiuni. După schimbarea total neașteptată de atitudine a lui Ahab, Domnul îi spune lui Ilie: „Ai văzut cum s-a smerit Ahab înaintea Mea? Pentru că s-a smerit înaintea Mea, nu voi aduce nenorocirea în timpul vieții lui; ci în timpul vieții fiului său voi aduce nenorocirea casei lui!" (21:29).

Acest final surprinzător subliniază ideea narațiunii: Domnul Își arată îndurarea față de cei care se pocăiesc în fața

judecății. Narațiunea aceasta este gândită, împreună cu fina-
lul ei neașteptat, ca să ne prezinte această idee – un punct cru-
cial pentru Ahab, pentru Israelul idolatru și pentru noi toți.
Acesta este un exemplu clar al unei teme teologice. Și această
temă teologică nu va fi ilustrată nicăieri atât de clar în toată
istoria răscumpărării ca în Evanghelia lui Isus Hristos. Nara-
țiunea cu via lui Nabot este o imagine a atitudinii lui Dum-
nezeu față de cei care se smeresc înaintea Mântuitorului. Isus
trebuie să fi înțeles această temă ca o reflectare a ceea ce Dum-
nezeu urma să facă în ultimă instanță pentru oameni - prin
cruce. Moartea jertfitoare a lui Isus avea să fie temeiul îndu-
rării lui Dumnezeu pentru păcătoșii care se pocăiesc.

Sau să luăm exemplul celui mai cunoscut psalm. Pri-
mele versete din Psalmul 23 Îl ilustrează pe Domnul ca păs-
tor. Cum avea să Se reveleze Domnul ca păstor în istoria
răscumpărării? Răspunsul este evident – desigur, în Hristos
Isus! Nu este nicio coincidență că Isus avea să Se numească
„Păstorul cel bun [care] își dă viața pentru oi" (Ioan 10:11),
sau că scriitorii Noului Testament aveau să se refere la Isus
ca „Păstorul cel mare" (1 Petru 5:4) și „marele Păstor al oi-
lor" (Evrei 13:20). Noi nu facem legături tipologice și nu
predicăm în termenii profeției mesianice când ne îndreptăm
privirile către Isus prin Psalmul 23. Mai degrabă noi vedem
felul cum o temă teologică anume înflorește complet în
Hristos. Noi înțelegem că Tatăl lui Isus este un Păstor și că
Isus este întruchiparea dragostei lui Dumnezeu ca Păstor.

Circumstanța în care Dumnezeu stabilește un legă-
mânt cu Avraam ne oferă o altă oportunitate de a-L predica
pe Hristos prin tema teologică. Când Domnul îi făgăduiește
un urmaș lui Avraam, pasajul biblic ne spune că Avraam „L-
a crezut pe Domnul, și Domnul i-a socotit lucrul acesta ca
neprihănire" (Gen. 15:6). Evident, făgăduința lui Dumnezeu
își găsește împlinirea în Hristos pe calea făgăduinței profetice
– prima noastră categorie de versete care vorbesc despre îm-
plinire. Isus însuși este sămânța lui Avraam (Gal. 3:16).

Dar cum rămâne cu răspunsul lui Avraam la făgăduința
lui Dumnezeu? Ne îndreaptă credința lui Avraam către Isus?
Cum face asta? Răspunsul credinței lui Avraam nu ne conduce
la Hristos pe calea făgăduinței profetice, ci prin tema teologică.
Aici avem prezentată doctrina îndreptățirii prin credință. Pavel
avea să se refere de două ori la Geneza 15:6, în ambele situații
înrădăcinând îndreptățirea în Persoana lui Hristos (Rom. 3-4;
Gal. 3). Acum, că Sămânța făgăduită a venit, doctrina îndrep-
tățirii a ajuns să fie prezentată mai specific. Îndreptățirea
prin credința în Dumnezeu și în făgăduința Lui este acum
îndreptățirea prin credința în Hristos, care este împlinirea
făgăduinței. Înțelegerea acestei dezvoltări doctrinare este
crucială. Dacă îi chemi pe oameni să urmeze exemplul cre-
dinței lui Avraam, dar nu arăți cum îndreptățirea se găsește
în Hristos, nu îi vei îndrepta pe cei care te ascultă către ne-
prihănirea mântuitoare. Tema teologică a îndreptățirii este
împlinită în Isus.

Când ideea centrală a unui pasaj din Vechiul Testament este o temă teologică – cum ar fi îndurarea în fața judecății, grija lui Dumnezeu ca Păstor, sau temeiul pentru care Dumnezeu îndreptățește o persoană -întreabă-te cum își găsește acea temă împlinirea sau expresia în Isus. A observa o acțiune mântuitoare a lui Dumnezeu sau un atribut al Lui înseamnă să vezi o imagine a lui Isus Hristos, care este Dumnezeu-în-trup. În astfel de cazuri, predică-L pe Dumnezeu, dar nu te opri acolo. Predică-L pe Hristos!

5

STUDII DE CAZ

Am schițat în capitolul anterior șase categorii în care pot fi încadrate versetele ca să putem înțelege felul cum Vechiul Testament este împlinit în Hristos:

- Făgăduința profetică
- Învățătura etică
- Umanitatea decăzută
- Revelația tipologică
- Progresia narativă
- Tema teologică.

Urmarea uneia sau a mai multor dintre aceste căi de la TEXT la HRISTOS constituie pasul al doilea în procesul de interpretare biblică. Dacă fiecare iotă din Vechiul Testament își găsește împlinirea în Hristos, trebuie să ne străduim să înțelegem totalitatea lui în lumina lui Hristos.

Soția mea și-a cumpărat cândva o pereche frumoasă de ochelari de soare, care avea lentile ce puteau fi schimbate. Un set de lentile era făcut pentru lumină scăzută, unul pentru lumină de intensitate medie și altul pentru lumină puternică.

În funcţie de intensitatea luminii soarelui, ea avea să îşi pună lentilele potrivite. Atunci când interpretezi Vechiul Testament, gândeşte-te la aceste şase căi către Hristos ca la nişte seturi de lentile. Alege lentilele pe care să le foloseşti în funcţie de ideea centrală a pasajului din care predici.

Dar dacă pare că există mai multe lentile care se potrivesc textului? Ceea ce eu am observat este că Hristos împlineşte adesea textele biblice în mai multe feluri. De exemplu, în capitolul anterior l-am menţionat pe Iosif. În funcţie de focalizarea pasajului din care predici, cum ar fi că Iosif a fost dispreţuit şi respins de fraţii lui, ai putea să foloseşti indiciul dat de Ştefan în Faptele Apostolilor şi să îl predici pe Iosif ca un personaj tipologic pentru Hristos. Pe de altă parte, dacă vedem felul în care istoria lui Iosif vine cu o ameninţare după alta la adresa făgăduinţelor legământului lui Dumnezeu (ex. vânzarea lui Iosif ca sclav; întemniţarea lui; foametea grea; plecarea lui Israel din ţara făgăduită), ai putea să te decizi să Îl predici pe Hristos pe calea progresiei narative.

Majoritatea pasajelor ne oferă mai mult de o singură cale legitimă pentru predicarea lui Hristos. Hai să analizăm cele trei pasaje pe care ţi-am cerut deja să îţi imaginezi că le vei predica: căderea lui Adam, Cele 10 Porunci şi făgăduinţa faimoasă dată de Dumnezeu în Ieremia 29:11. Vom trece prin lentilele interschimbabile din ochelarii noştri hermeneutici ca să stabilim felul cum aceste pasaje sunt împlinite în Isus.

STUDIU DE CAZ: CĂDEREA LUI ADAM

Să zicem că îți pregătești o predică din Geneza 3, pe tema căderii lui Adam. Cum L-ai predica pe Hristos din acea situație? În ce fel este ea împlinită în Isus? Evaluează-o în lumina celor șase feluri de împlinire. Multe pasaje pentru predici își găsesc împlinirea în Hristos în modalități multiple, dar Geneza 3 este extraordinar de bogat.

Făgăduința profetică. Dacă pasajul din care predici include Geneza 3:15, poți foarte ușor să Îl predici pe Hristos ca împlinirea făgăduinței lui Dumnezeu că îi va zdrobi capul șarpelui. Hristos este sămânța făgăduită, care triumfă peste Satana prin moartea Lui (Col. 2:13-15; cf. 1 Ioan 3:8). Așa cum mulți au observat, făgăduința din Geneza 3:15 este primul ecou biblic al Evangheliei.

Învățătura etică. Mulți păstori au văzut în ispitirea lui Adam și Eva un șablon care descrie propria noastră ispitire. Ei predică pasajul ca un avertisment descriptiv de a crede Cuvântul lui Dumnezeu, nu momeala minciunii Satanei. În absența Evangheliei, această abordare a pasajului este sub-creștină, încurajând sfințirea mai puțin prin har și mai mult prin efort în puterile proprii. Dar în Evanghelie, abordarea pasajului ca învățătură etică este ceva cu totul potrivit. Prin contrast cu Adam, Hristos nu S-a depărtat niciodată de Cuvântul lui Dumnezeu (Evrei 4:15). De aceea, noi învățăm în Hristos să ne împotrivim minciunii Satanei; în Hristos, putem să ascultăm de Cuvântul lui Dumnezeu; în Hristos, suntem în stare să ne ridicăm după ce am căzut în păcat, știind că sângele lui Isus ne curăță de orice nelegiuire. Duhul Hristosului răstignit și înviat ne dă harul sfințitor ca să ascultăm de poruncile lui Dumnezeu.

Umanitatea decăzută. Dintre toate pasajele din Scriptură care descriu căderea umanității în păcat, Geneza 3 este cel mai potrivit! Predicarea acestui pasaj prin lentilele umanității decăzute ar trebui să fie ceva evident și ușor: Adam a păcătuit, și noi am păcătuit în Adam (Rom. 5). O, ce nevoie mare avem să fim mântuiți de noi înșine! O, ce nevoie avem de un Mântuitor! Isus Hristos este acel Mântuitor, care a plătit pedeapsa pentru păcatele noastre prin moartea Sa în locul nostru. Înălțarea lui Isus ca soluție la păcat – atât păcatul lui Adam cât și al nostru – va face din predica ta un mesaj bogat în Evanghelie.

Revelația tipologică. Deși tipologia nu este cea mai evidentă modalitate de predicare a lui Hristos din pasajele narative ale Vechiului Testament, ea ar trebui să fie evidentă în situația lui Adam. Adam este, în fapt, un arhetip al lui Hristos (Rom. 5:12-19; 1 Cor. 15:21-23, 45-49). Predică-L pe Hristos ca al doilea Adam, Cel în care avem viața în locul morții, neprihănirea în locul judecății, nădejdea învierii și a slavei în locul morții și al mâniei veșnice. Isus a fost biruitor acolo unde Adam a eșuat. Dacă acest adevăr nu va inspira credinţă, nădejde şi dragoste în oameni, nimic altceva nu o va face.

Progresia narativă. Acest pasaj prezintă izvorul umanităţii decăzute, aducând cu el o ameninţare la adresa vieţii oricăruia născut în Adam. Dacă făgăduinţa răscumpărării făcută de Dumnezeu nu este împlinită – dacă nu vine un Adam nou şi mai mare care să „toarne binecuvântările Lui oriunde există blestem" – totul este pierdut. Această circumstanţă este o parte crucială din istoria lui Isus din vechime. Eşecul lui Adam trebuie să fi modelat profund înţelegerea de către Isus a identităţii şi misiunii Sale.

Tema teologică. Geneza 3 include teme multiple care conduc la Isus. Iată doar două exemple: în primul rând, Dumnezeu îi îmbracă pe Adam şi Eva cu haine din piei (v. 21), ceea ce sugerează jertfa, lucru ce aşază scena închinării prin jertfă (Gen. 4, 8, 12, etc.), ceea ce ne conduce la sistemul jertfelor din vechiul legământ (Lev. 1-7), şi toate culminează în jertfirea lui Hristos odată pentru totdeauna pentru păcătoşi (Evrei 10:10). În al doilea rând, grădina în sine ne serveşte drept peisaj probabil al imaginii templului (1 Împ. 6:29; Ezec. 40:16), al referinţelor legate de grădină din moartea şi învierea lui Hristos (Ioan 18:1; 19:41), şi al Împărăţiei finale (Apoc. 21-22). În acest pasaj se găsesc şi alte teme teologice care îşi găsesc împlinirea în Hristos şi în Împărăţia Lui, cum ar fi munca şi odihna, sau blestemul și binecuvântarea. Geneza 3 este un teren fertil pentru predicarea lui Hristos prin împlinirea temelor teologice.

Este clar că *ai putea* să Îl predici pe Hristos în toate cele șase căi în predica ta din Geneza 3. Dar te-aș avertiza să nu faci acest lucru, reamintindu-ți de Eutih, care a adormit și a căzut mortal într-o seară, în timpul „lungii vorbiri" a lui Pavel (F.A. 20:9). Dacă nu poți învia oamenii din morți, ar fi recomandabil să îți dezvolți predica folosind una sau două din aceste categorii, și să lași pentru o altă zi celelalte idei cristocentrice. Vor exista mai multe comori în pasajul biblic decât am putea noi împărtăși.

Dar cum știm ce să spunem și ce să lăsăm deoparte? Bazându-te pe Duhul Sfânt, vei dori să cântărești bine diversele variabile, cum ar fi ideea centrală a pasajului, plinătatea lui Hristos și claritatea predicii. În primul rând, dacă ideea pasajului tău conduce natural către una sau două categorii dintre cele enumerate, urmează acea cale. Concentrează-te pe esența textului. În al doilea rând, dacă de regulă folosești una sau două căi către împlinirea textului în Hristos, iar textul îți oferă o cale mai puțin comună (pentru tine) de a-L predica pe Hristos, se poate să îți dorești să o iei pe acea cale ca să îi poți aduce bisericii o imagine mai robustă a plinătății lui Hristos. De exemplu, dacă rareori Îl celebrezi pe Hristos ca împlinirea unui arhetip din Vechiul Testament, iar textul ales pentru predică include o revelație tipologică, atunci alege acea cale de a-L predica pe Hristos. În al treilea rând, dacă aceasta îți face predica mai clară – dacă face ca predica ta să fie mai focalizată pe sublinierea împlinirii în Hristos pe două căi, în loc de trei, sau pe o cale în loc de două – atunci fă acest lucru. Țintește claritatea. Obiectivul predicării tale este să tragi un glonț, nu să lansezi o bombă.[1]

Căile către împlinirea în Hristos sunt multe și late. Cum ar putea fi altfel, atâta vreme cât Scriptura este concepută ca să ne conducă la El (Ioan 5:39-40)? Cum ar putea fi altfel, când Isus este atât de bogat, atât de plin, atât de profund și atât de glorios? Nu Îl ocoli pe Hristos în calea ta către congregație. Pătrunde în textul din care predici și atinge-te de poala hainei Lui.

STUDIU DE CAZ: PORUNCA SABATULUI

A doua predică pe care ți-am cerut să te imaginezi că o predici este cea din porunca privitoare la Sabat (Exod 20:8-11). Cum împlinește Isus porunca Sabatului? Răspunsul este îmbrăcat în complexitate teologică. În cartea sa, *The Whole Christ*, Sinclair Ferguson îl aseamănă cu un soi de test teologic pentru felul cum cineva înțelege Legea.[2] La pasul al treilea, vom pătrunde mai adânc în apele Legii/Evangheliei, căci aplicația textului este aspectul în care lucrurile ajung

---

[1] Haddon W. Robinson, *Biblical Preaching: The Development and Delivery of Expository Messages*, 2nd ed. (Grand Rapids: Baker, 2001), p. 35.
[2] Sinclair Ferguson, *The Whole Christ: Legalism, Antinomianism, and Gospel Assurance— Why the Marrow Controversy Still Matters* (Wheaton: Crossway, 2016), p. 143-44, n. 17.

foarte periculoase. Dar înainte de a face vreo aplicație pentru noi, trebuie să vedem felul cum porunca Sabatului este împlinită în Hristos.

Haideți să analizăm porunca Sabatului folosind cele șase feluri de împlinire a textului biblic în Hristos.

Făgăduința profetică. Această poruncă nu este o făgăduință profetică, așa că putem să trecem la celelalte categorii.

Progresia narativă. Această poruncă nu este dată sub forma unei narațiuni, nici nu vedem vreo amenințare și rezolvare în legătură cu o făgăduință din legăminte. Putem trece la alte categorii.

Învățătura etică. Ca parte din legea legământului, această poruncă se potrivește foarte bine în categoria învățăturilor etice. Isus a împlinit această poruncă, iar păzirea Sabatului a fost parte din neprihănirea Lui înaintea lui Dumnezeu. De aceea, indiferent ce sens ar avea această poruncă pentru noi, poți foarte ușor să Îl predici pe Hristos ca Acela care a păzit Sabatul (Matei 12:9; Marcu 1:21; 6:2; Luca 4:16). Dar Hristos nu a fost doar Cel care a ascultat de poruncă și a păzit Sabatul, ci Evanghelia Îl ilustrează și ca Acela care a clarificat sensul Sabatului, făcând acest lucru într-un fel provocator (Matei 12:1-8, 10-12; Luca 4:20-21). Acțiunile și învățăturile lui Isus pe tema Sabatului par să indice că El poziționa sensul Sabatului în Sine. Această schimbare de sens va fi de o importanță vitală când facem aplicații ale Sabatului în viața bisericii.

Umanitatea decăzută. Hristos nu împlinește Sabatul doar în păzirea perfectă a poruncii, ci și prin moartea Sa substitutivă pe cruce. Isus a fost străpuns pentru nelegiuirile noastre, ceea ce include și călcarea Sabatului. Israelul din vechiul legământ avea o mulțime de situații când a încălcat porunca Sabatului, iar noi n-am făcut decât să adăugăm la acel munte de fiecare dată când ne-am căutat odihna în afara lui Hristos (Matei 11:28) și i-am judecat pe alții (Rom. 14:4-5). Noi avem nevoie de Isus ca să ne mântuiască de toate păcatele noastre, inclusiv de faptul că nu am păzit Sabatul. Și iată vestea bună: Isus, Păzitorul Sabatului, a murit și a înviat pentru călcători ai Sabatului, așa cum suntem noi!

Revelația tipologică. Oare Sabatul are vreo semnificație tipologică? Nu este nevoie să speculăm, pentru că textul din Coloseni 2:16-17 ne spune clar că are. Sabatul este o rânduială gândită de Dumnezeu ca să fie o imagine prefiguratoare a lui Hristos. El este o umbră, iar substanța ei este Hristos. Astfel, ne aflăm pe un teren sigur dacă tragem concluzia că odihna pe care o găsim în Hristos și în Împărăția Lui împlinește ceea de Sabatul a prefigurat. Aplicația pentru zilele noastre rămâne încă nedezvoltată aici, dar oricare ar fi ea, va trebui să Îl recunoască pe Hristos ca împlinirea Sabatului.

Tema teologică. Dacă înțelegi Sabatul ca un eveniment tipologic al lui Hristos, trebuie să fi tratat deja mai multe teme teologice legate de el, precum închinarea, munca și odihna. Indiferent cum sfârșești mesajul tău făcând acele legături cu viața credinciosului în noul legământ, te vei simți confortabil să Îl propovăduiești pe Hristos ca Acela prin care și în care noi, creștinii, ne închinăm, lucrăm și ne odihnim.

STUDIU DE CAZ: PROFEȚIA LUI IEREMIA

Făgăduința binecunoscută din Ieremia 29:11 a fost textul pentru a treia ta predică. Cum se *împlinește* ea în Hristos? Hai să ne uităm din nou la textul biblic prin lentilele diferitelor modalități de împlinire în Hristos.

Făgăduința profetică. Această modalitate de împlinire în Hristos a versetului din Ieremia 29:11 este evidentă: planul lui Dumnezeu pentru binele Israelului exilat este o făgăduință profetică. Întrucât toate făgăduințele lui Dumnezeu își găsesc împlinirea în Hristos (2 Cor. 1:20), nu trebuie să poziționezi împlinirea acestui verset în Israelul din vremea modernă, nici în America sau în vreun alt stat național, ci în Isus și, prin extensie, în cei uniți cu Isus prin credință. Fie evreu sau palestinian, american sau nord-coreean, brazilian sau nigerian, niciun om nu primește beneficiile din Ieremia 29:11 decât în Hristos. Binecuvântarea răscumpărării nu există separat de Fiul răstignit și înviat. Nu există niciun viitor bun fără singurul Mijlocitor dintre Dumnezeu și oameni. Nu există nicio nădejde durabilă decât prin măreţul nostru Dumnezeu şi Mântuitor Isus Hristos. Frate predicator, propovăduieşte-L pe Hristos ca împlinirea acestei făgăduinţe!

Învăţătura etică. În acest text biblic nu există nicio învăţătură etică.

Umanitatea decăzută. Textul biblic nu subliniază păcatul sau suferinţa. Cu toate acestea, păcatul şi suferinţa sunt prezente în peisaj, întrucât Israelul se afla în exil din cauza neascultării de legământ. Asta înseamnă că această făgăduinţă profetică trebuie să fi stimulat o înnoire a credinţei în Domnul. În ciuda păcatului şi a circumstanţei în care poporul Israel se afla, el n-a fost abandonat de Dumnezeu. Dumnezeu avea un plan cu ei. În final, El avea să Îl trimită pe singurul Lui Fiu ca să le procure binele veşnic, vărsându-Şi sângele pe cruce.

Revelaţia tipologică. Tipologia poate fi cu adevărat motorul care duce această făgăduinţă profetică la împlinire. Este Isus întruchiparea Israelului? Apostolii par să fi gândit astfel (ex. Matei 2:15 şi Osea 11:1). Dacă aşa stau lucrurile – dacă Israelul a fost o umbră, iar Isus este substanţa – atunci este evident că făgăduinţele de răscumpărare făcute de Dumnezeu Israelului aveau să fie împlinite în Hristos, Israelul adevărat şi mai mare decât cel din vechime. Revelaţia tipologică poate să nu fie cea mai bună cale de a-L predica pe

Hristos din Ieremia 29:11, dar poate indica foarte bine felul în care funcționează împlinirea acestui pasaj biblic.

Progresia narativă. Ieremia 29:11 face parte din istoria lui Isus din vechime. Această făgăduință profetică trebuie să fi adâncit felul în care Isus a înțeles misiunea pe care o avea. Totuși, întrucât în textul din Ieremia nu avem niciun element narativ, progresia narativă nu este cea mai naturală modalitate de a-L predica pe Hristos din acest text.

Tema teologică. Ideea unei nădejdi viitoare, pe care Ieremia 29:11 o prezintă, are o amprentă mare în Biblie. Vei fi serios ajutat dacă explorezi pasajele din Noul Testament care arată cum nădejdea noastră viitoare este înrădăcinată în Isus Hristos. Schițarea acestei teme teologice va adăuga profunzime felului în care vei înțelege cum este împlinit acest verset în Hristos.

Iată că ne-am croit metodic calea prin fiecare dintre studiile de caz de mai sus. Am văzut în fiecare situație cum Hristos împlinește pasajele noastre în modalități multiple. Se poate să fi observat cum, deși ne sunt utile pentru specificarea tipurilor de împlinire în Hristos, aceste categorii nu sunt atât de clare pe cât par la prima vedere. În practica interpretării, ele devin întrucâtva poroase, având tendința de a se întrepătrunde, informându-se reciproc. Ieremia 29:11 este un astfel de exemplu. Deși textul se încadrează direct în categoria făgăduinței profetice, celelalte categorii au îmbogățit felul cum i-am înțeles împlinirea în Hristos. Nu considera aceste întrepătrunderi ca o povară hermeneutică, ci privește-le ca pe o binecuvântare omiletică. Când predici din Vechiul Testament, nu vei fi niciodată lipsit de lucruri bogate pe care să le spui despre Hristos.

După ce ai trecut de la TEXT la HRISTOS, predica ta din Vechiul Testament a înaintat bine pe calea ei către mântuire. Dar îți mai rămâne de făcut un pas. Trebuie să aduci textul în viețile celor ce te aud predicând. Trebuie *să il aplici* în lumina lui Hristos.

6

DE LA HRISTOS LA NOI

Pune în mixer sosul de soia, uleiul de măsline, sucul
de lămâie, sosul Worcestershire, pudra de usturoi, bu-
suiocul, pătrunjelul și piperul. Adaugă sos de ardei
iute și usturoi, după gust. Amestecă-le la viteza 5 timp
de 30 secunde, până ce se amestecă bine. Toarnă apoi
sosul peste tipul de carne dorit. Acoperă totul și pune-
l la frigider timp de 8 ore. Gătește apoi carnea cum
dorești.[1]

Acestea sunt instrucțiunile pentru „cel mai bun sos
marinat pentru prăjeli". Ce titlu spectaculos de rețetă! Nu
ți-am dat cantitățile pentru ingrediente – va trebui să le cauți
singur pe Google. Dar dacă ești ca mine, vei dori să încerci
cel mai bun sos marinat pentru cea mai bună prăjeală.

Evanghelia este ca un sos marinat pentru Vechiul Tes-
tament. Fiecare pasaj din Vechiul Testament pe care îl pre-
dicăm are nevoie să fie marinat în vestea bună a lui Hristos
și a Împărăției Lui. Fă așa încât pasajul tău să fie îmbibat în

---

[1] "Best Steak Marinade in Existence," Allrecipes, www.allrecipes.com/recipe/143809/best-steak-marinade-in-existence/.

Evanghelie. Apoi vei fi gata să pui mușchiul pe grătar și să îl pregătești astfel ca membrii bisericii tale să îl consume. Capitolul de față se ocupă cu *acest* subiect – servirea cărnii. Cu alte cuvinte, acest capitol vorbește despre aplicarea textului. Ce folos am avea de pe urma celui mai bine marinat mușchi, dacă oamenii n-ar ști că a fost gătit pentru ei?

PASUL AL TREILEA: NOI

Aplicația este al treilea și ultimul pas în interpretarea Vechiului Testament. Până acum ai făcut exegeza pasajului predicii tale în contextul lui, după care i-ai găsit împlinirea în Hristos. Acum poți stabili felul cum pasajul trece de la Hristos la viețile noastre curente. Acum ești gata să aplici textul în propria viață și în viețile celor ce te aud predicând. Dar vei face acest lucru? Crezi că aplicația este parte integrantă din predicarea creștină?

TEXTUL	HRISTOS	NOI
Exegeza	Împlinirea	Aplicație
Ideea principală	Evanghelia	Răspuns
Predică ebraică	Predică cristologică	Predică cristocentrică

AVERSIUNEA FAȚĂ DE APLICAȚII

Unii predicatori minimalizează nevoia aplicațiilor. Ei pot fi caracterizați ca având o aversiune față de aplicații:

- „Eu doar predic Cuvântul, Dumnezeu este Cel

care face lucrarea".

- „Duhul Sfânt trebuie să facă aplicațiile".

- „Cuvântul lui Dumnezeu este viu și activ. El nu se va întoarce fără rod. Slujba mea este să explic textul cât pot de clar".

Cine ar obiecta față de aceste lucruri? Este adevărat, Dumnezeu lucrează prin Cuvântul Lui. La fel de adevărat este și că doar Duhul Sfânt poate deschide ochii, poate schimba inimile și poate schimba purtarea. Sarcina predicatorului este să propovăduiască în credincioșie Cuvântul lui Dumnezeu.

Cu toate acestea, în această perspectivă există ceva greșit. Oare predicarea credincioasă exclude aplicația textului? În niciun caz!

Dumnezeu este Cel ce transformă oamenii, și El poate neîndoielnic să facă acest lucru fără ajutorul nostru. Numai că modalitatea normală în care Dumnezeu aduce transformarea este cea în care oamenilor le este arătat felul cum Evanghelia lucrează în viețile lor. Apostolul Pavel spunea: „Pe El Îl propovăduim noi și sfătuim pe orice om, și învățăm pe orice om în toată înțelepciunea, ca să înfățișăm pe orice om desăvârșit în Hristos Isus" (Col. 1:28).

Observă câteva lucruri în abordarea pe care Pavel o are în predicare. El nu doar a predicat mesaje cristologice care au înălțat Persoana și lucrarea lui Isus, ci, pentru el, predicarea lui Hristos însemna să *îi sfătuiască* şi să *îi înveţe* pe oameni *în toată înţelepciunea*. Pavel a trudit cu scopul ca oamenii să vadă implicaţiile practice ale Evangheliei.

Predicatorii care au o aversiune faţă de aplicaţii ar trebui să înveţe din abordarea pe care Pavel a avut-o faţă de predicare. Aplicaţiile nu sunt un fel de glazură de pe tort, ci ele sunt parte din blat. Aplicarea textului nu este opţională, ci face parte integrantă din predicare. Predicarea lui Hristos fără să-i avertizăm pe oameni şi fără să îi învăţăm cum să trăiască ar însemna să ratăm ţinta predicării.

Ca să insist mai mult pe acest subiect, te îndemn să observi ţinta predicării în slujirea lui Pavel: *ţinta lui Pavel nu a fost doar să Îl propovăduiască pe Hristos*. Desigur, Pavel *L-a* propovăduit pe Hristos. El *L-a* înălţat pe Isus ca împlinirea întregii Scripturi. El n-a avut nicio altă modalitate de predicare. Dar nu trebuie să confundăm subiectul cu obiectul lui Pavel. Subiectul lui era Hristos, dar obiectul era altceva. Obiectul lui erau *oamenii* – ţinta lui fiind aceea de a *înfăţişa pe orice om desăvârşit în Hristos Isus*. Pavel L-a înălţat pe Isus astfel încât oamenii să poată fi schimbaţi de Isus. Şi noi ar trebui să ţintim la acelaşi lucru.

Predicarea este o chemare la acţiune – la credinţa în Hristos, la luarea crucii şi urmarea lui Hristos, la preţuirea lui Hristos, la a fi transformaţi în Hristos. Ce alt motiv ar putea exista pentru propovăduirea lui Hristos, dacă nu să îi vedem pe oameni schimbați de El? Predicatorul nu trebuie să manifeste aversiune față de aplicațiile Evangheliei, ci să îi avertizeze și să îi învețe pe toți oamenii în toată înțelepciunea, pentru ca ei să poată deveni maturi în Hristos. Aplicațiile slujesc transformării.

OBSESIA APLICAȚIILOR

Pe de altă parte, mulți predicatori contemporani sunt *prea* obsedați de aplicații. Ei își dau seama cu ce disperare vor oamenii ca viețile lor să se îmbunătățească. Ei le predică săptămână de săptămână oamenilor care se luptă cu lucruri precum conflictele din căsnicie sau singurătatea, precum problemele cu copiii sau infertilitatea, cu limitările unor venituri modeste sau cu ispitele bogăției, cu adolescenți care văd o mare problemă în faptul că au acnee sau cu adulți care mor de cancer, ori cu angajați care vor să aibă împlinire la locul de muncă sau cu șomeri care se chinuie să-și găsească de muncă. Oamenii sunt ispitiți să cârtească, să fie mânioși, să nu îi ierte pe semenii lor, să trăiască în izolare, să cedeze în fața ispitei sexuale, să fie mândri sau egoiști. Și lista poate continua la nesfârșit.

În ciuda acestui munte copleșitor de probleme, oamenii au un lucru în comun: ei vor ca predicarea noastră să le fie de ajutor. Ei vor ca predicatorul să spună lucruri care să le îmbunătățească viețile. Ei vor să plece de la adunare simțindu-se încurajați, echipați astfel încât să poată trăi o viață mai bună.

De aceea, predicatorul simte o atracție puternică de a le oferi oamenilor o soluție rapidă, iar odată cu această atracție vine ispita de a fi relevanți într-un fel simplist, practici într-un fel imediat, și întotdeauna cu picioarele pe pământ. Cu cât mai acut simte el această atracție, cu atât mai ispitit va fi să adapteze conținutul predicilor lui, presupunând că predicarea verset cu verset a unei cărți din Biblie sau explicarea unei doctrine „nu este cel mai bun mod de a-i sluji pe oameni". Vechiul Testament va părea în particular prea dificil, cu excepția anumitor ilustrații sau îndemnuri pentru viața practică din cartea Proverbe. În timp, un astfel de predicator poate să ajungă să semene mai puțin cu un păstor creștin și mai mult cu un consilier motivațional. Acea atracție puternică pe care el o simte către îmbunătățirea vieților oamenilor este, în realitate, un curent care îl trage tot mai mult în larg, tot mai departe de terenul solid al lui Hristos și al Evangheliei.

Dar oare soluția este să predicăm mesaje irelevante și lipsite de aplicații practice? Cu siguranță că nu! Nimic nu este mai relevant și mai practic decât explicarea cristocentrică a Bibliei. Nimic nu este mai profund necesar, mai plin de sens relațional și mai important din perspectiva veșniciei decât să îi ajutăm pe oameni să umble cu Dumnezeu prin credința în Hristos. De altfel, predicarea lui Hristos nu înseamnă că predicatorul nu va vorbi niciodată despre celibat, căsnicie, creşterea copiilor, bani, carieră, sănătate, cârtire, rasism, relaţii sexuale sau orice alt aspect al experienţei umane. Dar propovăduirea lui Hristos înseamnă că predicatorul nu va vorbi niciodată despre aceste lucruri fără să arate cum sunt ele legate de Isus şi de Evanghelie.

Predicarea Vechiului Testament împlinit în Hristos îl va conduce pe predicator la aplicaţiile credincioase ale acestuia.

Pasul al treilea: Noi

În ce fel păstrează, reformulează sau abrogă Evanghelia ideea centrală a pasajului?

TREI ABORDĂRI

Dar cum are loc aceasta? Cum să faci aplicaţii cristocentrice din Vechiul Testament? Cum să treci de la HRISTOS la NOI? Procesul este direct: observă dacă ideea centrală a textului biblic din care predici a fost păstrată, reformulată sau abrogată în Hristos.

Este păstrată ideea centrală a textului?

Păstrează Evanghelia principala idee a pasajului? Dacă da, adevărul pe care încerci să îl transmiţi poate fi aplicat ca răspuns la Evanghelie, fără vreo modificare a sensului lui din Vechiul Testament. Întregul Vechi Testament este de folos pentru trăirea creştină, astfel că nu trebuie să ne mire că marea lui parte se aplică nealterat vieților noastre. Contextul legămintelor s-a schimbat, dar sensul nu.

De exemplu, Israelului i s-a spus în Cele 10 Porunci să nu aibă alți dumnezei în afara lui Iehova și să nu își facă chipuri cioplite la care să se închine (Exod 20:3-6). Aceste porunci rămân relevante în noul legământ. Venirea lui Hristos nu a schimbat nevoia ca noi să ne închinăm doar lui Dumnezeu și să fugim de idolatrie (F.A. 17:19; 1 Cor. 8-10; 1 Ioan 5:21). Putem aplica acest text din Vechiul Testament în zilele noastre fără vreo modificare.

Restul Celor 10 Porunci pot fi tratate asemănător, cu excepția poruncii Sabatului. Aplicarea acestor porunci în relație cu Hristos rămâne aceeași ca în vechiul legământ. Desigur, noul legământ subliniază profunzimea acestor porunci, țintind deopotrivă la inimile și la purtarea noastră, iar predicatorii ar trebui să exploreze aceste profunzimi în aplicațiile predicilor lor. Dar, în ele însele, poruncile rămân neschimbate. Creștinii trebuie să cinstească Numele lui Dumnezeu și să își onoreze părinții; ei nu trebuie să ucidă, să comită adulter sau să fure; ei nu trebuie să aducă mărturie mincinoasă împotriva aproapelui sau să îi poftească avuțiile (Iacov 2:7; Efes. 6:1-4; Matei 15:19; Rom. 13:9). Aceste porunci nu sunt modificate în Hristos, ci păstrate.

Pentru a schimba genurile literare, probabil că, dacă vei predica din cartea Numeri și vei ajunge la circumstanța dramatică a închinării la Baal în Peor (Num. 25), vei observa că prima frază așază scena pentru o priveliște sordidă, spunându-ne că „poporul a început să se dea la curvie cu fetele lui Moab" (v. 1). Ceea ce urmează este o circumstanță plină de închinare la idoli, o plagă mortală și un copil de predicator, pe nume Fineas, care, în zelul lui sfânt, străpunge cu sulița un cuplu care avea astfel de relații sexuale.

Ce legătură poate exista între această întâmplare și viețile noastre în Hristos? În ce fel este influențată de Evanghelie aplicația din acest text?

Exprimat în termeni simpli, această circumstanță ne cheamă la credință în Isus. Asemenea lui Fineas, Isus face ispășire pentru păcatele noastre, chiar dacă nu doar pentru idolatria și imoralitatea noastră, ci pentru toate nelegiuirile noastre – și aceasta nu străpungându-ne *pe noi,* ci fiind străpuns *pentru noi.* În plus față de chemarea la credința în ispășirea făcută de Hristos, acest text ne aduce și învățătură etică. Creștini fiind, noi trebuie să evităm imoralitatea sexuală. Acest păcat nu este o amenințare mai mică la adresa bisericii decât era pentru Israel, iar puritatea sexuală nu este mai puțin necesară azi. De fapt, apostolul Pavel face referire la incidentul din Peor când îi mustră pe corinteni îndemnându-i să fie credincioși și curați din punct de vedere sexual: „Să nu curvim, cum au făcut unii din ei, așa că într-o singură zi au căzut douăzeci și trei de mii" (1 Cor. 10:8).

Pavel spune clar: forţa etică a acestei circumstanţe din Vechiul Testament este păstrată şi aplicată credincioşilor din Noul Testament. Nu este necesară nicio ajustare.

Şi aceasta este situaţia pe tot parcursul Vechiului Testament. Evanghelia păstrează „ca atare"o mare parte a adevărurilor din Vechiul Testament. Adevărul îşi găseşte împlinirea în Hristos, şi acelaşi adevăr se aplică tot în Hristos în vieţile noastre. Am putea spune că aceste adevăruri *rezonează* cu Evanghelia. Rezonarea are loc atunci când un sunet răsună clar şi complet – şi mare parte a Vechiului Testament rezonează cu Evanghelia. Altfel spus, mare parte din ceea ce Legea porunceşte, din ceea ce naraţiunile ilustrează, din ceea ce profeţii predică şi din ceea ce cărţile înţelepciunii descriu, reverberează clar şi pe deplin în Hristos. Noi auzim azi acelaşi adevăr fără vreo modificare.

Când adevărul unui pasaj din Vechiul Testament este păstrat, nu vei avea nevoie să îl ajustezi ca să îl poţi aplica. Doar trebuie să prezinţi principala idee a textului, împlinirea ei în Hristos, şi aplicaţia directă în vieţile celor care te aud predicând.

Este reformulată ideea centrală a textului?

Uneori vei observa că ideea centrală a pasajului din care predici nu este păstrată de Evanghelie. Încă poţi să auzi adevărul ca un ecou cu implicaţii evanghelice, dar ceva este diferit. Poate că sunetul îşi schimbă cheia iniţială sau poate că poți vedea o modificare. Rezonanța nu mai este aceeași.

Când te afli în astfel de situații, ideea centrală a pasajului tău este *reformulată* de Evanghelie. A reformula ceva înseamnă să adaptezi acel lucru pentru a-i îmbunătăți utilitatea. Evanghelia reformulează uneori adevăruri din Vechiul Testament. Avem de-a face cu același adevăr, dar el este remodelat pentru alte vremuri. Aplicația din vechiul legământ este adaptată ca să fie utilă în perioada noului legământ.

De exemplu, imaginează-ți că pasajul din care predici vorbește despre circumcizie. Predici din cartea Geneza, și ajungi la legământul circumciziei (Gen. 17); sau predici din Exod, și ajungi la întâmplarea cu „soțul de sânge", în care nevasta lui Moise îl circumcide pe fiul lor (Exod 4); sau predici din Iosua, iar textul tău are de-a face cu circumciderea întregii generații de evrei care se născuse în pustie (Iosua 5). Atunci când te gândești la aplicația pe care să o faci, poți observa că ritualul circumciziei nu mai este păstrat în Hristos. Ar fi ceva greșit să aplici oricare dintre aceste texte bisericii, spunând: „Avraam a fost circumcis, deci și voi trebuie să fiți circumciși"; sau „nu vedeți că Moise a ignorat circumcizia? Voi să nu o ignorați"; sau „Israelul nu ar fi putut intra în țara făgăduită fără circumcizie. Trebuie să vă circumcideți și voi". Chiar dacă circumcizia fizică era cerută pentru ascultarea din vechiul legământ, ea nu mai este cerută pentru ascultarea în noul legământ (Gal. 6:15).

Aşadar, cum predici aceste pasaje? Cum ai putea să faci aplicaţii ale pasajelor care vorbesc despre circumcizie în lumina lui Hristos? O modalitate ar fi să generalizăm circumcizia, tratând-o ca pe un act de ascultare. Chiar dacă nouă, creştinilor, nu ni se cere circumcizia, noi suntem chemaţi să ascultăm de toate poruncile lui Hristos. Avraam a primit circumcizia cu ascultare; Moise a ignorat-o; generaţia născută în pustie a fost chemată, prin circumcizie, la o ascultare înnoită faţă de legământ. De aceea, aceste texte biblice ne oferă o oportunitate de a-i provoca pe oameni să asculte de Domnul în tot ceea ce El ne-a chemat să facem. Răspunsul nostru faţă de Evanghelie trebuie să fie caracterizat de ascultare completă şi atentă (1 Cor. 7:19).

O altă modalitate de a predica din pasajele despre circumcizie ar fi să facem aplicaţii în lumina împlinirii ei în noul legământ. Dacă observăm cu atenţie, inima a fost dintotdeauna *chestiunea centrală* a circumciziei. Moise i-a poruncit Israelului să îşi circumcidă inimile; Ieremia şi Ezechiel au profeţit despre un nou legământ, în care inima credinciosului avea să fie schimbată; iar Pavel arată clar că, în Hristos, circumcizia este acum o realitate interioară a inimii, simbolizată prin botez (Deut. 10:16; Ier. 31:33; Ezec. 36:26; Rom. 2:29; Col. 2:11-12). De aceea, modalitatea de aplicare a acestor pasaje din vechiul legământ ar putea să îi înveţe pe oameni despre nevoia lor de a avea o inimă nouă, dacă vor să Îl urmeze pe Dumnezeu cu adevărat. Chiar dacă sunt importante, semnele exterioare nu înlocuiesc o inimă vie în Hristos.

Așadar, când vei ajunge la astfel de texte, predică despre nașterea din nou; cheamă-i pe oameni să creadă în Isus și să fie botezați; subliniază abilitatea Duhului de a face transformarea vieților noastre din interior.

Acest proces de reformulare a adevărurilor din Vechiul Testament în lumina Evangheliei este unul vital. El poate fi și controversat, lucru care nu face decât să sublinieze nevoia de a ne gândi bine înainte de a trece de la TEXT la HRISTOS și apoi la NOI.

De exemplu, cui îi poți aplica textele îndreptate către Israel? Râul făgăduințelor de răscumpărare făcute de Dumnezeu curge prin Israel către Hristos, și prin Hristos către toți cei ce sunt uniți cu El prin credință. Cu alte cuvinte, biserica este poporul lui Dumnezeu de acum. Chiar dacă nu este identică Israelului din vechiul legământ, biserica este împlinirea în Hristos a poporului lui Dumnezeu, acum, în noul legământ. De aceea, atunci când sunt modificate de Evanghelie, făgăduințele lui Dumnezeu față de Israel au o aplicabilitate în viețile noastre, ale creștinilor. Noi suntem „o seminție aleasă, o preoție împărătească, un neam sfânt, un popor, pe care Dumnezeu Și l-a câștigat ca să fie al Lui" (1 Petru 2:9). Astfel, adevărul despre Israel, odată remodelat în Isus, *nu* trebuie îndreptat către orice om, în general, nici către americani, în particular, ci către cei care sunt în Hristos Isus.

Alte exemple de reformulare sunt:

- **Templul** – noi nu mai suntem chemați să ne în- chinăm lui Dumnezeu într-un loc sacru, ci într- o modalitate sacră, ca popor sacru unit cu Cel ce este piatra de temelie a noului templu (Exod 25- 30; Ioan 4:21-24; Efes. 2:19-22).

- **Paştele** – Cina Domnului este împlinirea mesei pascale (Exod 12; Luca 22:14-20).

- **Sabatul** – cerinţele legate de Sabat din vechiul le- gământ pot fi sugestive pentru noi, cei de astăzi, dar ele nu sunt prescriptive, pentru că odihna noastră a venit şi vine în Hristos şi Împărăţia Lui (Col. 2:16-17; Matei 11:28; Evrei 4:9).

- **Războiul** – copiii lui Dumnezeu duc în continu- are un război, dar nu împotriva cărnii şi a sânge- lui, ci împotriva forţelor spirituale ale răului; Ma- rea Trimitere cuprinde planul nostru de bătălie, iar noi lăsăm judecata în mâinile lui Dumnezeu (1 Sam. 15:3; Ioan 18:36; Efes. 6:10-20; Matei 28:18-20; 2 Petru 3:7).

- **Rugăciunea** – trebuie să înţelegem felul cum Evan- ghelia remodelează rugăciunile din vechiul legă- mânt, precum acelea din Psalmi, şi cum biserica învaţă ce înseamnă să se roage în Numele lui Isus (Ioan 16:24; Efes. 2:18).

Şi putem continua, dar ideea este aceasta: dacă Evanghelia nu păstrează un adevăr din Vechiul Testament, ea îl reformulează adeseori. Nu predica niciodată un adevăr din Vechiul Testament – despre locuri sfinte, despre circumcizie, despre Paşti, Sabat, Israel, război, rugăciune sau orice altceva – fără să înţelegi felul cum acel adevăr este modificat de Evanghelie. Observă modificarea, şi vei fi pregătit să faci aplicaţia acelui pasaj tratând Scriptura ca fiind creştină.

Este abrogată ideea centrală a textului?

Mai există un lucru pe care Evanghelia îl face faţă de adevărurile din Vechiul Testament. Uneori ea abrogă cu totul o învăţătură sau o rânduială. Altfel spus, în afara împlinirii în Hristos, nu mai rămâne nicio aplicaţie a acelui text.

Vechiul Testament a fost împlinit prin viaţa, moartea şi învierea lui Isus. Asta înseamnă că anumite porunci şi practici au fost împlinite şi au încetat să opereze. Ele au avut o viaţă lungă şi importantă, dar şi-au găsit punctul terminus în Hristos.

Şi îmi vin în minte exemple evidente de acest fel. Restricţiile alimentare şi poruncile legate de mâncăruri din vechiul legământ au avut un rol important în deosebirea poporului lui Dumnezeu de popoarele păgâne din jurul acestuia.

Dar odată cu venirea lui Hristos, ele au fost împlinite şi puse deoparte. Acum orice mâncare este curată, pentru că toţi copiii lui Dumnezeu sunt curaţi (Marcu 7:19; F.A. 10:9-15, 28). Împărăţia lui Dumnezeu nu mai este geografică şi naţională, ci cerească şi internaţională. Evanghelia este deschisă tuturor popoarelor pământului.

Acelaşi lucru poate fi spus despre jertfele din vechiul legământ. Arderile de tot, darurile din grâne, jertfele de împăcare, cele pentru păcat, cele pentru vină – toate au fost împlinite prin jertfirea trupului lui Hristos odată pentru totdeauna. Isus nu a trebuit „să aducă jertfe în fiecare zi, întâi pentru păcatele sale, şi apoi pentru păcatele norodului, căci lucrul acesta l-a făcut odată pentru totdeauna, când S-a adus jertfă pe Sine însuşi" (Evrei 7:27). Jertfele din Vechiul Testament şi-au încheiat slujba. Ele au avut un curs ilustru în cel mai adevărat sens al cuvântului, ilustrând pentru noi gravitatea păcatului şi nevoia unei jertfe finale şi desăvârşite. Dar în jertfa lui Isus, întreg sistemul jertfelor a fost acum abrogat.

Când predici din Vechiul Testament, vei ajunge la alte porunci şi practici care au fost abrogate datorită Evangheliei. Majoritatea poruncilor aşa-zis civile şi ceremoniale nu mai joacă un rol în viaţa credinciosului. Nu înseamnă că ele ar fi fost false, ci pur şi simplu ele nu mai sunt aplicabile în afara contextului lor original.

Dar nu evita să predici din aceste pasaje! Când predici despre adevăruri abrogate din Vechiul Testament, aplicațiile pe care le faci ar trebui să îi cheme pe oameni să Îl primească pe Isus ca substanța care a înlocuit umbra, și să trăiască în lumina lucrării Lui încheiate.

Când predici din textele care conțin porunci legate de dieta ebraică, aplică-le aspectelor legate de sfințenie în viața de creștin, inclusiv acceptarea tuturor alimentelor ca fiind bune, și luarea mâncării cu mulțumiri (1 Tim. 4:3-5). Când predici din texte care vorbesc despre diferite jertfe, cheamă-i pe oameni să își pună credința în Isus ca jertfa finală și perfectă, și să se aducă pe ei înșiși ca jertfe vii (Rom. 12:1-2).

Când predici despre zeciuială, reamintește-i bisericii că închinarea la templu, pe care zeciuielile o susțineau, a fost împlinită acum în Hristos, încurajându-i pe credincioși să dăruiască generos și cu bucurie, în lumina harului lui Dumnezeu în Hristos (2 Cor. 8-9). Și așa mai departe.

Predicatorul care înțelege felul cum Vechiul Testament este împlinit în Hristos nu va fugi de textele biblice în care vede o poruncă sau practică din vechiul legământ, care au fost abrogate în Hristos. Chiar din astfel de pasaje putem să înălțăm lucrarea încheiată a lui Hristos, legământul mai bun pe care El l-a inaugurat, și gloria mai mare de a trăi ca niște cetățeni ai Împărăției Lui cerești.

PREZUMȚIILE DIN SPATELE APLICAȚIILOR

Atunci când facem aplicații ale unui text din Vechiul Testament, noi toți facem anumite prezumții. Dacă credem că putem transfera un adevăr din Vechiul Testament direct în contextul nostru, fără să observăm felul în care Evanghelia îl afectează, vom greși constant. Noi nu ne dorim acest lucru, iar bisericile noastre nu au nevoie de așa ceva. Trebuie să ne asigurăm că prezumțiile cu care lucrăm atunci când facem aplicațiile textului sunt sănătoase, astfel încât aplicațiile să fie solide.

Ce prezumții conduc la aplicații modelate de Evanghelie? Cum putem observa dacă un adevăr din Vechiul Testament este păstrat, reformulat sau abrogat?

Prezumția nr. 1: Noul Testament este primordial.

Ca un interpret al Cuvântului lui Dumnezeu, trebuie să observi dacă îl citești de la stânga la dreapta, sau de la dreapta la stânga. Cu alte cuvinte, crezi că Vechiul Testament interpretează Noul Testament sau că Noul Testament îl interpretează pe Vechiul?

Aceasta este o întrebare delicată. Răspunsul este da, pentru că cele două testamente se interpretează reciproc. În capitolul 4, am arătat că interpretarea Noului Testament este imposibilă fără Vechiul Testament. Vechiul Testament se îndreaptă către Noul. În acest sens, trebuie să citim Biblia de la stânga la dreapta. Totuşi, am văzut în acelaşi capitol că Noul Testament împlineşte Vechiul Testament. Acest lucru ne conduce la *mesajul central* al Bibliei, care este primordial. De aceea, trebuie să citim Biblia şi de la dreapta la stânga. Trebuie să interpretăm Vechiul Testament în lumina împlinirii lui în Noul Testament.

Aşadar, cum să citim de la dreapta la stânga? Cea mai practică metodă este să verificăm trimiterile. Face Noul Testament referire la pasajul din Vechiul Testament din care vrei să predici? Dacă da, cum este aplicat pasajul? Este ideea lui centrală păstrată, reformulată sau abrogată? Când Noul Testament face aplicaţia textului nostru, putem să urmăm încrezători direcţia pe care el ne-o dă.

Cu toate acestea, în multe cazuri, în Noul Testament nu există nicio citare sau aluzie pe care să o urmăm. Ce facem în astfel de situaţii? Practicăm teologia biblică. Altfel spus, urmărim subiectul din textul nostru de-a lungul istoriei răscumpărării, mergând până în Noul Testament, identificând felul cum el se aplică în contextul noului legământ. Ce a spus Isus despre acest subiect? Cum au propovăduit apostolii pe această temă? Care a fost practica primelor biserici? Noul Testament nu ne va lăsa niciodată fără călăuzirea necesară ca să putem face aplicarea corectă a unui pasaj din Vechiul Testament. Doar trebuie să fim dispuşi să facem o lucrare atentă.

Prezumția nr. 2: Unirea cu Hristos este absolută.

Nimic nu îmi inspiră uimire şi nu îmi creşte dragostea pentru Isus ca aceste două cuvinte: „în Hristos". Această expresie (şi toate variantele ei) apare în multe locuri din Noul Testament. Deşi este scurtă, semnificaţia ei teologică este uriaşă. Într-un singur pasaj (Efes. 1:3-14) învăţăm că:

- Am fost aleşi în Hristos înainte de întemeierea lumii.
- Am fost predestinaţi înfierii în Hristos.
- Am primit harul glorios al lui Dumnezeu în Hristos.
- În Hristos avem răscumpărarea, prin sângele Lui.
- Toate lucrurile din cer şi de pe pământ vor fi unite în Hristos.
- Moştenirea noastră veşnică este în Hristos.
- Nădejdea noastră este în Hristos.
- Am fost pecetluiţi în Hristos cu Duhul Sfânt Cel făgăduit.

Cu adevărat, fiecare binecuvântare spirituală pe care o avem este în Hristos. Nu mă înţelege greşit. Acestea nu sunt binecuvântări *prin-Hristos*, care vin la noi prin Hristos, ca şi cum ar fi ceva din afara Lui. Ele sunt binecuvântări *în-Hristos*, care ne sunt date în Persoana lui Hristos însuşi. Cu alte cuvinte, noi nu credem în Isus, după care primim separat binecuvântări, în plus faţă de a-L avea pe El. Toate binecuvântările lui Dumnezeu sunt legate în Isus. Tot ce primim de la Dumnezeu, primim în unirea noastră cu Hristos.

De aceea, unirea cu Hristos modelează felul cum facem aplicațiile predicilor noastre. Avem toate acele făgăduințe profetice care sunt Da în Hristos? În Hristos, ele sunt Da și pentru noi. Nu le putem primi pe nicio altă cale. Avem toate acele învățături etice pe care Isus le-a împlinit? În Hristos, Dumnezeu ne îndreptățește ca și cum noi înșine le-am fi împlinit. Fără Isus, nu există îndreptățire. Avem în El toate beneficiile sfințitoare ale împlinirii etice, tipologice, narative și teologice? Ele vin către noi în Hristos și doar în Hristos. Întrucât ne aflăm într-o relație mântuitoare cu Dumnezeu, noi trăim, ne mișcăm și avem ființa doar în unire cu Hristos. Noi nu primim nimic de la Tatăl separat de El, și nu putem aduce nimic la Tatăl fără El. Hristos este viața noastră (Col. 3:4)!

Nu vreau să suprasimplific lucrurile, dar aplicarea Vechiului Testament poate fi redusă esențialmente la o singură întrebare: „Cum este adevărat acest pasaj pentru noi *în Hristos?*" În afara lui Hristos, el nu poate avea relevanță pentru viețile noastre decât în condamnare. Tot sensul lui este concentrat în El. Ignoră doctrina unirii cu Hristos, și vei submina aplicațiile pe care le vei face în fiecare predică.

Prezumția nr. 3: Tensiunea „deja/nu încă" este esențială.

Împărăția lui Dumnezeu în Hristos a răsărit la prima

venire a lui Hristos. În viaţa, moartea, învierea şi întronarea Lui, Împărăţia Sa a fost inaugurată şi se răspândeşte în întreaga lume, în vieţile celor ce îşi pun credinţa în Isus ca Domn. Bisericile locale sunt avanposturi ale Împărăţiei, ambasade pământeşti ale cetăţii cereşti, bucurându-se de prezenţa lui Dumnezeu printre ele şi ducând vestea bună a Evangheliei la toate popoarele. Împărăţia lui Dumnezeu este prezentă acum.

Cu toate acestea, deşi Împărăţia a venit cu adevărat, ea încă nu a venit complet. Plinătatea ei nu va fi realizată decât la a doua venire a lui Hristos. Când ultima trâmbiţă va răsuna iar Hristos va reveni, moartea va fi absorbită în biruinţa învierii, cetatea cerească va coborî din Cer, iar împărăţia lumii va deveni Împărăţia „Domnului nostru şi a Hristosului Său" (Apoc. 11:15). Până atunci, biserica aşteaptă finalul ca o mireasă care se pregăteşte pentru mire, rugându-se ca Împărăţia Lui să vină pe pământ aşa cum este şi în Cer. „Amin! Vino, Doamne Isuse!" (Apoc. 22:20).

Înţelegerea acestei tensiuni „acum, dar nu încă" legată de Împărăţia lui Dumnezeu este esenţială pentru aplicarea corectă a Vechiului Testament. Dacă amestecăm cei doi poli vrând să facem unul singur, vom da de probleme. Dacă toate aplicaţiile tale sunt în tărâmul lui *acum,* vei ajunge la nişte vise utopice despre Cerul pe pământ, la aşteptări nerealiste legate de transformarea societăţii, şi la speranţe nefondate legate de sănătate și bogăție. Acest fel de predicare care susține că totul se poate împlini aici și acum poate să le aducă inspirație unora, dar va crea inevitabil dezamăgire și deziluzie. Oamenii au tendința de a observa când cuvintele predicatorului nu se împlinesc. Ei se întreabă: Unde este mai precis această Împărăție glorioasă? Oare aici și acum ar trebui să mă aștept să trăiesc cea mai bună viață?

Pe de altă parte, dacă toate aplicațiile tale sunt în tărâmul *nu-încă,* nici asta nu te va conduce la o situație mult mai bună. Dacă vrei să golești creștinismul de sănătate și vitalitate spirituală, atunci agață toate împlinirile lui Hristos de a doua Lui venire. Spune-le oamenilor că îndreptățirea va avea loc la judecata finală; dă-le impresia că trebuie să „aștepte și să vadă" dacă vor fi iertați; stabilește un nivel scăzut al așteptării lor ca Dumnezeu să intervină în viețile lor prin răspunsuri la rugăciune; întărește ideea că Duhul Sfânt are o intervenție neglijabilă în lumea noastră rea. Singurul lucru pozitiv pe care l-aș putea spune despre o predicare de acest fel este că lasă loc ca oamenii să fie uimitor de surprinși de lucrarea plină de har a Domnului – în ciuda impresiei pe care păstorul lor le-a dat-o! Altfel, acest gen de predicare conduce la anxietate spirituală, la absența siguranței și chiar la o dependență de neprihănirea faptelor omenești.

Noi evităm ambele erori aducându-ne aminte că Împărăția lui Hristos este deopotrivă acum și nu-încă. Indiferent dacă avem de-a face cu o făgăduință profetică, cu o revelație tipologică, cu o temă teologică sau oricare alt fel de împlinire în Hristos, trebuie să avem grijă să facem deosebire între împlinirea inițială și cea finală. Interpretarea noastră nu trebuie să ne permită să trecem la aplicații abandonând această tensiune.

Prezumția nr. 4: Vechiul legământ este desființat.

Este vital să înțelegem că noi, creștinii, nu ne mai aflăm sub Lege *ca legământ.* Vechiul legământ este abrogat, pentru că a făcut loc unul legământ nou și mai bun în Hristos (Evrei 8). Rezultatul este că noi Îi slujim lui Dumnezeu „într-un duh nou, iar nu după vechea slovă" (Rom. 7:6).

Cu toate acestea, noi nu suntem antinomieni. Deși Legea, ca legământ, a fost abrogată, poruncile în sine continuă să modeleze ascultarea noastră. De exemplu, întâlnirea apostolilor de la Ierusalim, prin care li s-au dat învățături etice credincioșilor dintre Neamuri, subliniază implicațiile corecte din porunci legate de jertfe, închinarea la idoli și imoralitatea sexuală (F.A. 15:28-29). Pavel citează mai multe dintre Cele 10 Porunci ca exemplu de dragoste creștină (Rom. 13:8-10). Isus, Pavel și Iacov ne învață ceva atunci când sumarizează viața etică a credinciosului potrivit marii porunci a Legii: „Să-L iubești pe aproapele tău ca pe tine însuți" (Marcu 12:31; Gal. 5:14; Iacov 2:8). Petru citează din Lege atunci când îi încurajează pe creștini la sfințenie (1 Petru 1:15-16). Deși

Legea ca legământ a trecut, ca Scriptură, ea rămâne utilă pentru creștini.

Unele denominații împart vechiul legământ în porunci morale, civile și ceremoniale, susținând că așa-zisa lege morală este încă în vigoare. În ultimă instanță, o astfel de împărțire a Legii nu este necesară. Ca legământ, nimic din Lege nu mai rămâne în vigoare. Isus a împlinit totul - moral, civil și ceremonial. Dar ca învățătură practică în etică și înțelepciune, toată Legea rămâne folositoare pentru creștini (după cum rămâne întreg Vechiul Testament). Gândurile lui Craig Blomberg pe această temă ar trebui proclamate foarte clar:

> Tot Vechiul Testament rămâne normativ [aplicabil] și relevant pentru ucenicii lui Isus (2 Tim 3:16), dar nimic din el nu poate fi interpretat corect până nu înțelegem felul cum a fost împlinit în Hristos. Fiecare pasaj al Vechiului Testament trebuie văzut în lumina Persoanei și a lucrării lui Isus, și a schimbărilor aduse de noul legământ pe care El l-a inaugurat.[2]

Practic vorbind, ar trebui să încurajăm bisericile noastre la trăire creștină nu doar prin Cele 10 Porunci, ci printr-o aplicare cristocentrică a întregii Legi, inclusiv a părților așa-zis civile și ceremoniale. Pavel a făcut exact acest lucru când a folosit porunca despre legarea gurii boului, în contextul încurajării plății păstorilor pentru munca lor (1 Cor.

---

[2] Craig Blomberg, *Matthew*, The New American Commentary, vol. 22. (Nashville: Broadman, 1992), p. 103-104.

9:9; 1 Tim. 5:18), sau când ne-a încurajat din Lege să nu ne răzbunăm, pentru că Dumnezeu a spus, „a Mea este răzbunarea" (Deut. 32:35). Creştinii nu sunt „sub Lege" (Gal. 5:18), dar toată Legea rămâne folositoare în modelarea eticii creştine, dată este înţeleasă în lumina lui Hristos.[3] Dacă ţii minte acest lucru, vei fi în măsură să predici din toată Legea şi să identifici poruncile care au fost păstrate, reformulate sau abrogate.

HRISTOS, FILTRUL NOSTRU

Nu cu mult timp în urmă, oraşul Flint din statul american Michigan a ajuns menţionat pe canalele de ştiri pentru că nu mai avea acces la apă potabilă. Apa era transportată în case prin conducte, fiind preluată din râul Flint fără a fi tratată suficient. Rezultatele au fost îngrozitoare. Peste 100.000 de oameni au fost expuşi contaminării cu plumb. Mai mulţi oameni au murit. Mii de copii se aşteaptă să aibă probleme grave de sănătate pe viitor. După ce s-au cheltuit milioane de dolari şi au trecut deja mai mulţi ani, criza de apă potabilă continuă, timp în care procesul de tratare a apei şi infrastructura de distribuţie sunt înlocuite. Dacă i-ai întreba pe oamenii din Flint, ţi-ar spune că filtrarea adecvată a apei este un lucru esenţial pentru o viaţă sănătoasă.

---

[3] v. Brian Rosner, *Paul and the Law: Keeping the Commandments of God* (Downers Grove: IVP, 2013) unde este prezentată o argumentaţie detaliată a perspectivei pe care am schiţat-o aici.

Aşa este şi în cazul aplicaţiilor pe care le facem din Vechiul Testament. Trecerea de la un text din Vechiul Testament la împlinirea în Hristos şi apoi la aplicaţiile pentru noi, cei de azi, este un fel de proces de filtrare. Ca să fie clar, nu există impurităţi în Vechiul Testament! Fiecare picătură a Legii, Profeţilor şi cărţilor biblice ale înţelepciunii este curată. Pericolul contaminanţilor vine din noi. De aceea, trebuie să avem o grijă specială să filtrăm textul prin şi către Hristos pe cât de atent putem. Vrem să livrăm aplicaţii potabile către oricine este însetat.

Dacă sistemul tău de filtrare este disfuncţional, aplicaţiile pe care le faci vor fi periculoase pentru sănătatea spirituală a oamenilor. De aceea, nu-i chema pe oameni la credinţă şi ascultare fără să fi filtrat prin Isus ideea centrală a textului tău. Doar după ce determini felul în care Persoana şi lucrarea lui Hristos se raportează la textul tău vei fi gata să faci aplicaţiile lui pentru cei ce te aud predicându-l.

Dar apoi, după filtrarea tuturor lucrurilor prin Isus, deschide robinetul! Invită-i pe oameni să vină şi să bea. Arată-le în felul în care faci aplicaţiile cum harul lui Hristos poate să le transforme vieţile. Mântuirea aplicaţiei predicii tale din Vechiul Testament va fi ca o apă proaspătă pentru un suflet însetat.

Partea a treia.

Ce se întâmplă când Îl predicăm pe Hristos din Vechiul Testament?

7

PROBLEME DE EVITAT

Am învățat în lucrarea pastorală că rezolvarea unei probleme conduce deseori la crearea alteia. În urmă cu mai mulți ani, prezbiterii bisericii noastre erau preocupați de absența învățăturii intenționale în lucrarea noastră de școală duminicală. Într-un efort de a oferi o echipare mai focalizată, am demarat un program de lecții gândit pentru așezarea unei temelii solide în Biblie, teologie, istoria bisericii și trăirea creștină practică. Lecțiile se contraziceau între ele, astfel că membrii alegeau lecțiile la care doreau să participe. Prin acest nou sistem, am atins obiectivul instruirii intenționale... și prin el am creat o nouă problemă.

Oamenii veneau anterior la lecții în mod consecvent, săptămână de săptămână, trimestru de trimestru și an după an. Rezultatul era că oamenii ajunseseră să se cunoască prin interacțiunile regulate în Cuvânt și rugăciune. Ei observau când cineva lipsea, se slujeau și se sunau reciproc. Noua noastră structură a îndepărtat acest element relațional important din viața bisericii noastre. Nu înseamnă că noi nu prevăzusem

că ar putea să apară această problemă, dar eşuasem să ne gân-
dim cât de profund avea să fie percepută. Am rezolvat o pro-
blemă, dar am creat o alta.

Şi ce crezi? Planul pe care l-am conceput ca să rezol-
văm noua problemă probabil că va crea o alta. Viaţa pare să
funcţioneze în acest fel.

Eşecul de a-L predica pe Hristos din Vechiul Testa-
ment este o problemă serioasă. Este ceva greşit exegetic şi
teologic, şi Îl dezonorează pe Isus ca împlinirea Scripturii şi
esenţa istoriei mântuirii. El îi îndepărtează pe oameni de
Dumnezeu perpetuând o perspectivă a Vechiului Testament
lipsită de Hristos şi, mai rău, chemându-i să se bazeze pe
Dumnezeu sau chiar pe ei înşişi separat de Hristos.

Sper că această carte va rezolva *acea* problemă. Dar, în
felul acesta, ne putem expune altor probleme. Eu am observat
cel puţin trei probleme în propria predicare, ca şi în predica-
rea altora care caută să propovăduiască mesaje centrate în
Evanghelie. Problemele au de-a face cu îngustimea, graba şi
lenea.

FOCALIZAREA PREA ÎNGUSTĂ PE HRISTOS

Este posibil să te focalizezi prea îngust pe Hristos.
Cum? Eşuând să Îl predici ca a doua Persoană a Sfintei Tre-
imi. Dar predicarea cristocentrică ar trebui să fie o predicare
bogată în referinţe la Trinitate.

Numele soției mele este Natalie. Când m-am îndrăgostit de Natalie, pe când eram în facultate, nu mă puteam gândi decât la ea. Mă trezeam gândindu-mă la ea, mă duceam la cursuri gândindu-mă la ea, mă întrerupeam din studiu gândindu-mă la ea și mă duceam la culcare cu gândul la ea. Dacă ți se pare că eram îndrăgostit-lulea, chiar eram! În toți acești ani de atunci încoace, eu am rămas la fel de îndrăgostit de ea, chiar dacă sunt fericit să spun că pot să acord acum o atenție mentală și altor lucruri în afara ei.

Vreau să spun prin toate acestea că este un lucru bun să fii îndrăgostit de Hristos. Noi Îl iubim pe Domnul nostru cu o dragoste care nu cunoaște moarte (Efes. 6:24). El este Prietenul nostru (Ioan 15:15). El este viața noastră (Col. 3:4). El este comoara noastră, căci vrednicia Lui face ca orice alt lucru imaginabil din Univers să pară ca un gunoi (Fil. 3:8). Odată ce înțelegem că fiecare iotă și frântură de slovă din Vechiul Testament vorbește despre El, suntem încântați să deschidem Biblia și să Îl predicăm tuturor celor ce vor să ne asculte.

Dar, ca atunci când suntem tineri și îndrăgostiți, putem fi atât de loviți de iubirea pentru Hristos, încât vom avea probleme să ne gândim la orice altceva. Dacă asta înseamnă că uităm de Dumnezeul Triunic, predicarea noastră devine prea îngustă. Noi nu trebuie să Îl predicăm pe Hristos ca și cum Tatăl și Duhul nu ar exista.

Sidney Greidanus lansează un avertisment împotriva

focalizării exagerate pe Isus, excluzându-L în felul acesta pe Dumnezeu Tatăl. El ne avertizează că nu ar trebui să Îl predicăm pe Hristos ca şi cum doar El este Dumnezeu. Trebuie să ne amintim „că Hristos nu trebuie separat de Dumnezeu, că El a fost trimis de Dumnezeu, a împlinit lucrarea lui Dumnezeu şi a căutat gloria lui Dumnezeu".[1] Tot aşa, nu trebuie să uităm de „rolul vital al Duhului Sfânt în mântuirea noastră: în regenerare, convertire, credinţă, sfinţire".[2]

Fred Sanders reia şi amplifică îngrijorarea lui Greidanus. Nu cred că pot să recomand prea mult cartea lui Sanders pe tema Trinităţii. În cartea lui, *The Deep Things of God*, Sanders ne încurajează să fim cristocentrici fără să uităm de Tatăl sau să Îl ignorăm pe Duhul:

> Când afirmi că Isus Hristos este centrul mesajului tău, te dedici propovăduirii Lui şi a oricărui lucru care este central în preocupările Lui. Dar Isus însuşi este întotdeauna concentrat pe lucrarea Tatălui şi a Duhului, astfel că focalizarea sănătoasă pe Hristos presupune, în mod logic, includerea întregii Trinităţi în aceeaşi focalizare. Este ceva incoerent să te focalizezi pe Isus fără să vorbeşti în acelaşi timp despre Tatăl şi despre Duhul... Noi trebuie să „ne uităm [constant] ţintă la Căpetenia şi Desăvârşirea credinţei noastre, adică la Isus" (Evrei 12:2), dar să ne uităm la El într-un fel în

---

[1] Sidney Greidanus, *Preaching Christ from the Old Testament* (Grand Rapids: Eerdmans, 1999), p. 179.
[2] Ibid., p. 182.

care să Îl vedem în relația Sa cu Tatăl, care L-a trimis,
și cu Duhul Sfânt, pe care El Îl trimite. Dacă nu Îl
vedem pe Isus în felul acesta, vom eșua să Îl vedem așa
cum este El în realitate.[3]

Cineva ar putea să se întrebe de ce ar trebui să fim
preocupați de Trinitate când predicăm din Vechiul Testa-
ment. Dar Dumnezeu, Sfânta Treime, este acolo, chiar dacă
nu Îl vedem revelat pe deplin. Ca să fiu mai concret, pur și
simplu noi nu avem un Hristos fără un Tată și un Duh
Sfânt. Un astfel de Hristos nu există. De aceea, în ce privește
predicarea Lui, trebuie să ținem minte că Îl predicăm ca Fiul
întrupat al lui Dumnezeu, Cel preaiubit de Tatăl, plin de
Duhul, Cel în care noi înșine suntem aduși la Tatăl și în care
ni se dă Duhul.

Asta nu înseamnă că ar trebui ca, în predicile noastre,
să alocăm timp egal Tatălui, Fiului și Duhului Sfânt. Textul
și aplicația lui trebuie să determine proporția.

Totuși, dacă predicarea noastră regulată a lui Hristos
din Vechiul Testament umbrește faptul că Hristos ne-a îm-
păcat cu Dumnezeu ca Tatăl nostru, pe care Îl slujim acum
în puterea Duhului, atunci nu Îl predicăm pe Hristos așa
cum este El în realitate. Ceea ce înseamnă că nu Îl predicăm
deloc pe Hristos.

---

[3] Fred Sanders, *The Deep Things of God: How the Trinity Changes Everything* (Wheaton: Crossway, 2010), p. 168-69.

Nu te focaliza prea îngust pe Hristos.

TRECEREA PREA RAPIDĂ LA HRISTOS

O altă problemă de evitat în predicarea lui Hristos din Vechiul Testament este trecerea prea rapidă la El. Asemenea predicării prea înguste, această problemă apare pe nesimțite dintr-o dragoste pentru Isus și pentru Evanghelie.

Mai devreme am menționat de dragostea pentru soția mea. Deși mă gândeam la ea tot timpul în acele prime luni ale relației noastre de curtare, am încercat să nu vorbesc doar despre ea fără încetare. Noi toți am văzut oameni care nu se pot opri să vorbească despre persoana pe care o iubesc. În timp, acești oameni se îndepărtează de prietenii lor, pentru că petrec mai puțin timp cu ei. Chiar dacă sunt alături de prieteni, ei redirecționează fiecare discuție către relația lor cu acea persoană. Tot așa, predicatorii care Îl iubesc pe Isus vor să Îl predice pe Isus. Conștientizarea faptului că toată Scriptura este împlinită în El nu face decât să adauge combustibil la această dorință. Dar dacă predicatorul nu este atent, poate să ignore textul din care vrea să predice, ca să ajungă cât de repede la Hristos. Spurgeon spunea cândva un lucru care a rămas faimos, anume că dacă ar fi găsit vreodată un text „care să nu aibă în el o cale către Hristos", ar fi „sărit gardul ca să ajungă la Domnul lui".[4] Inima este lăudabilă, dar majoritatea celor

---

[4] Charles Spurgeon, "Christ Precious to Believers," *The Metropolitan Tabernacle Pulpit*, 30

care au citit predicile lui Spurgeon vor recunoaște că, în dragostea lui pentru predicarea Evangheliei, Spurgeon trata uneori cu larghețe textul ca să își croiască un drum către Hristos.

Din fericire, putem căuta să avem o predicare cristocentrică puternică *și* să facem și o exegeză atentă, biblică. Le putem avea pe ambele. Îi vom sluji bine pe cei care ne aud dacă predicile noastre îi vor ajuta să Îl vadă pe Hristos în relație cu detaliile pasajului în sine.

Trecerea prea rapidă la Hristos este o problemă importantă. Ea nivelează contururile Cuvântului lui Dumnezeu și poate, în timp, să ajungă să submineze chiar Evanghelia. David Helm face această legătură profundă, dar înfricoșătoare:

> Dacă predicăm într-o modalitate care tratează situația istorică a pasajului nostru din Vechiul Testament ca fiind irelevantă și dacă ne folosim de ea doar ca de o trambulină pentru a ajunge la Evanghelie, atunci informația pe care o transmitem altora este că Biblia nu manifestă niciun fel de interes față de istorie. Astfel, istoria devine ca un fel de ambalaj pentru dogmele teologice. În acel moment, ne situăm la o singură generație depărtare de o vedere abstractă și spirituală a Învierii, în locul uneia istorice. Ne aflăm la o singură generație depărtare de Biblie, tratată ca o mitologie

Martie 1890, Metropolitan Tabernacle, Newington, Spurgeon Gems, https://www.spurgeongems.org/vols34-36/chs2137.pdf.

morală în loc să fie văzută drept Adevărul.

Cu alte cuvinte, este foarte posibil ca un soi nou de predicatori evanghelici să distrugă însăși temelia predicării creștine, dintr-o dorință de a-L predica pe Hristos din întreaga Scriptură.[5]

Dragi predicatori și învățători, nu putem ignora acest sunet de alarmă. Instinctul nostru de a ajunge la Hristos este bun. Dar trebuie să ajungem la El prin pasajul nostru, nu în ciuda lui. Toată Scriptura este împlinită în Isus. De aceea, rămâi în textul tău. Locuiește în limitele lumii textului tău. Și, deși este evident că ai putea, nu este nevoie să îți părăsești textul, chiar atunci când vorbești despre Isus sau citezi o trimitere din Noul Testament. Poți predica Evanghelia și roada ei rămânând complet înrădăcinat în pasajul tău din Vechiul Testament.

Nu trece prea rapid la Hristos.

RĂMÂNEREA PREA LENEȘĂ ÎN HRISTOS

A treia problemă de care trebuie să ne păzim este cea a eșecului de a predica implicațiile etice ale textului. Iată o structură de predică răspândită printre predicatorii cristocentrici:

- Iată implicațiile textului pentru viețile noastre.
- Nu putem trăi la înălțimea acestor implicații.

---

[5] David Helm, *Predicarea expozitivă. Cum propovăduim astăzi Cuvântul lui Dumnezeu* (Dascălu: Magna Gratia, 2019), p. 78.

- Hristos a trăit la înălțimea lor pentru noi.
- Să celebrăm harul pe care îl avem în Hristos.

Aceasta nu este o predică groaznică. Este preferabilă unui mesaj moralist, care îi cheamă pe oameni la acțiune separat de Evanghelie. Dar dacă aceasta este abordarea noastră regulată în predicarea Vechiului Testament, avem o înțelegere deficitară a ce înseamnă să Îl predicăm pe Hristos.

Nu-L predica pe Hristos ca pe un indicator de oprire în trafic. Predicile tale ar trebui să Îl prezinte pe Hristos mai degrabă ca pe un sens giratoriu, în care, după ce ajungem la Hristos și la Evanghelie, înconjori textul și îl aplici în viețile oamenilor. Un predicator bun nu se teme să călătorească în jurul cercului, de la TEXT, la HRISTOS și apoi la NOI, și să facă acest lucru de mai multe ori pe parcursul predicii.

Simplu spus, nu trebuie să minimalizăm implicațiile etice ale uceniciei în Isus. Dumnezeu vrea ca predicatorul să extragă acele implicații din text, să le interpreteze în lumina lui Hristos și să îi cheme pe oameni la ascultare. Asta înseamnă că ar trebui să adăugăm un alt punct la structura atât de răspândită a predicii, pe care am indicat-o mai devreme. Punctul suplimentar nu trebuie să vină doar la finalul predicii – el poate fi inclus de fiecare dată când Evanghelia este subliniată – dar cursul logic este următorul:

- Iată implicațiile textului pentru viețile noastre.
- Nu putem trăi la înălțimea acestor implicații.

- Hristos a trăit la înălțimea lor pentru noi.

- Să celebrăm harul pe care îl avem în Hristos.

- Acum, în Hristos, să căutăm să ascultăm de implicațiile textului.

Ascultarea nu este un cuvânt rău. În fapt, ea este cerută prin Marea Trimitere (Matei 28:20). Ea este întărită de Pavel, cel care a scris: „n-am avut de gând să știu între voi altceva decât pe Isus Hristos și pe El răstignit" (1 Cor. 2:2). Acesta este același Pavel care și-a umplut epistolele către corinteni cu învățături despre conducerea bisericii, despre imoralitate sexuală, despre disciplina bisericii, despre judecăți, căsătorie, mâncare, idolatrie, daruri spirituale, dragoste, generozitate financiară și așa mai departe. Pentru Pavel, predicarea lui „Hristos și a Lui răstignit" a însemnat să predice felul în care să trăim totalitatea vieții în lumina Evangheliei. Învățătura etică a decurs din propovăduirea Evangheliei. Vestea bună a dus la fapte bune.

Oare nu aceasta este intenția cu care Dumnezeu ne-a lăsat Cuvântul Lui? Lucrurile scrise mai înainte – Vechiul Testament – au fost scrise pentru învățătura noastră (Rom. 15:4; 1 Cor. 10:11). Ele ne sunt folositoare pentru învățătură, mustrare, corecție și echipare în neprihănire, ca să putem fi înzestrați pentru orice lucrare bună în Hristos (2 Tim. 3:15-17). Cu alte cuvinte, Legea, Profeții și cărțile biblice ale înțelepciunii nu au scopul să ne ducă la capătul ființelor noastre

ca să putem să ne odihnim în Hristos într-un fel leneș. Dim-
potrivă, noi ne odihnim în Hristos în timp ce ducem până
la capăt mântuirea noastră, aruncându-ne spre ce este înainte,
alergând spre țintă, spre premiul chemării cerești (Fil. 2:12;
3:13-14). Predicat în lumina lui Hristos, Vechiul Testament
ne îndreaptă către trăirea modelată de Evanghelie.

Dacă ești clar în predicarea Evangheliei, nu ar trebui
să te temi să îi chemi pe oameni la ascultarea alimentată de
har. Nicio acuzație de legalism nu va fi fondată. Arată-le oa-
menilor prin pasajul tău cum să își găsească odihna în Hris-
tos, și asigură-te că este felul de odihnă care îi propulsează
înainte, în ascultare. Îndeamnă-i la o odihnă vie, nu la una
leneșă.

Este ușor să rezolvi o problemă, doar ca să dai naștere
unei alte probleme. Consecințele neintenționate sunt parte
din viață. Ele se petrec chiar atunci când vrei să te dedici
unei cauze legitime cum este predicarea lui Hristos din Ve-
chiul Testament. Dar dacă ești conștient de aceste probleme
potențiale – de focalizarea prea îngustă pe Hristos, de trece-
rea prea rapidă la Hristos sau de rămânerea prea leneșă în
Hristos – vei fi echipat să le eviți.

8

BENEFICII

Cum vrea Dumnezeu să fie predicarea? Îmi doresc să fi știut răspunsul definitiv. Ar fi fost ceva plăcut ca Dumnezeu să includă în Biblie – poate după cartea Apocalipsa și înainte de hărți – o anexă pentru predicatori. Cât de lungă ar trebui să fie o predică? Oare 40 de minute ar fi prea mult sau prea puțin? Procedăm corect dacă gândim în termenii explicației, ilustrației și aplicației? Există oare vreo componentă a predicării pe care noi să o exagerăm sau să o ignorăm? Este ceva acceptabil să ai cu tine notițe când te ridici la amvon? Și că veni vorba de amvoane, trebuie să avem așa ceva?

Dar Dumnezeu, în înțelepciunea Lui, nu a tratat astfel de detalii. Cu toate acestea, predicatorul atent înțelege că tăcerea Bibliei în aceste aspecte nu înseamnă că Dumnezeu ar fi indiferent. Dimpotrivă, noi vrem să înțelegem pe cât de complet putem acele lucruri pe care Dumnezeu *le-a făcut* clare în legătură cu predicarea, și să permitem revelației Lui să modeleze abordarea noastră pe cât de profund se poate. În chestiuni legate de durata predicii, de structura ei și de maniera de predicare, trebuie să aplicăm înțelepciunea pe baza exemplelor pe care le vedem în Scriptură, pe baza contextului nostru de predicare şi pe baza darurilor individuale pe care le avem în Duhul.

Dar cum rămâne cu conținutul predicării? Aceasta este o chestiune diferită. Dumnezeu a vorbit clar, astfel că nu există nicio umbră de îndoială legat de ce vrea El pentru conținutul predicării. Noi suntem chemați să predicăm Cuvântul (2 Tim. 4:2). Trebuie să predicăm Evanghelia (Rom. 1:15-17). Trebuie să Îl predicăm pe Hristos (1 Cor. 1:23).

Este un sentiment plăcut să ştii că, atunci când Îl predici pe Hristos din Vechiul Testament, predici ceea ce Dumnezeu doreşte. Acesta este unul din multele beneficii ale predicării care urmează calea către împlinirea pasajului în Hristos.

Spre încurajarea ta, voi prezenta în cele ce urmează o listă de zece beneficii pe care le vei experimenta când vei practica predicarea expozitivă cristocentrică a Vechiului Testament. Predicile tale din Vechiul Testament au nevoie de mântuire, şi sunt multe lucruri de câştigat când ele ajung astfel.

Aşadar, fără alte adăugiri, în stilul clasic al lui Letterman...

ZECE BENEFICII ALE PREDICĂRII LUI HRISTOS DIN VECHIUL TESTAMENT

10. O Biblie mai mare. Odată ce înțelegi felul cum Hristos împlineşte Scriptura, nu vei mai simți niciodată că două treimi din Biblia ta ar fi învechită sau în afara limitelor predicării Evangheliei și a vieții creștine.

Așa că nu predica doar din Evanghelii, din Faptele Apostolilor, din epistole și din Apocalipsa. Predică o serie de mesaje din Profeții Mici și din 1 și 2 Cronici sau chiar – *cum ar fi?* – din Levitic. Nu există vreun pasaj din Vechiul Testament către care să te îndrepți, care să nu țintească înainte către începutul unei noi Împărății sau care să nu aibă în el lumina Evangheliei.

Dacă te-ai simțit limitat la 27 de cărți ale Bibliei, tocmai ai adăugat la acestea încă 39 de cărți. Tocmai ce Biblia ta a ajuns mai mare!

9. O Biblie mai mică. În timp ce Biblia ta tocmai ce a ajuns mai mare, ea a ajuns și mai mică. Tehnic vorbind, ai putea avea la îndemână 66 de cărți în care să Îl înalți pe Hristos. Dar acum vezi și că Biblia este cu adevărat – și sper că mai clar ca oricând – o singură carte. De la Geneza la Apocalipsa, Biblia ne arată o singură istorie a răscumpărării, făgăduită în Vechiul Testament și împlinită în Noul.

Vechiul Testament ne îndreaptă către Isus și ne pregătește pentru El. Apoi, la împlinirea vremii, El a venit.

> El a fost cunoscut mai înainte de întemeierea lumii, și a fost arătat la sfârșitul vremurilor pentru voi, care, prin El, sunteți credincioși în Dumnezeu, care L-a înviat din morți, și I-a dat slavă, pentru ca, credința și

nădejdea voastră să fie în Dumnezeu (1 Petru 1:20-21).

În centrul acestei răscumpărări concepute din veșnicie și îndelung așteptate de omenire stă Domnul Isus Hristos. Întreaga narațiune biblică vorbește despre El – anticipându-L, îndreptând privirile către El, reverberând în moartea și învierea Lui în cele patru colțuri ale pământului și atingând apogeul într-o zi, când va avea loc întoarcerea Sa glorioasă și când Împărăția Lui veșnică va fi desăvârșită.

Unitatea Scripturii face ca Biblia ta să fie mai mică – mai concentrată, mai solidă și mai plină de putere.

8. O dragoste mai profundă. Odată cu trecerea anilor, bucuria mea în Isus a crescut pe măsură ce L-am predicat din Vechiul Testament. Când am citit Vechiul Testament prin lentilele lui Isus și m-am gândit la El mai personal, aceste lucruri mi-au crescut sentimentul uimirii și al închinării. De exemplu, cum ar putea să nu fie stârnit sufletul tău când își dă seama că Hristos însuși a citit pasajul despre Robul Domnului din Isaia 50, văzându-Se acolo pe Sine? Aceste versete sunt ale noastre prin unirea cu Hristos, dar ele Îi aparțin mai înainte de toate lui Hristos. Eu nu le pot citi fără să fiu profund stârnit la închinare și adorare:

> Domnul Dumnezeu Mi-a dat o limbă iscusită, ca să
> știu să îl înviorez cu vorba pe cel doborât de întristare.
> El Îmi trezește, în fiecare dimineață, El Îmi trezește

urechea, să ascult cum ascultă niște ucenici. Domnul Dumnezeu Mi-a deschis urechea, și nu M-am împotrivit, nici nu M-am tras înapoi. Mi-am dat spatele înaintea celor ce Mă loveau, și obrajii înaintea celor ce-Mi smulgeau barba; nu Mi-am ascuns fața de ocări și de scuipări. Dar Domnul Dumnezeu M-a ajutat; de aceea nu M-am rușinat, de aceea Mi-am făcut fața ca o cremene, știind că nu voi fi dat de rușine. Cel ce Mă îndreptățește este aproape: ,Cine va vorbi împotriva Mea? Să ne înfățișăm împreună!' ,Cine este potrivnicul Meu? Să înainteze spre Mine!' Iată, Domnul Dumnezeu Mă ajută: cine Mă va osândi? Într-adevăr, se prefac cu toții în zdrențe ca o haină: molia îi va mânca (v. 4-9).

Isus este Robul slujitor. El trebuie să fi citit, să se fi rugat și să fi fost întărit pentru cruce prin cuvintele lui Isaia. Este un lucru uimitor să ne gândim că Isus știe cum să îi susțină pe cei împovărați cu un cuvânt; El a fost învățat de Domnul; El S-a dat pe Sine voluntar la chin și moarte; El a fost încrezător în faptul că Tatăl Său avea să Îl apere de vrăjmașii Săi. Isaia Îl descrie aici pe Isus, iar descrierea lui este chiar mai uimitoare când ni-L imaginăm pe Isus citind acest text.

Eu am ajuns să Îl iubesc pe Isus mai mult prin predicarea Lui ca împlinirea Vechiului Testament. Vorbesc autobiografic aici, dar am nădejdea că experiența mea va deveni și experiența ta.

7. Un mesaj mai curat. Dacă Evanghelia este adevăr

curat, atunci propovăduirea ei din Vechiul Testament este predicare curată. Cu toate acestea, din nefericire, foarte mult din predicarea Vechiului Testament este vitregită de această curăție, pentru că este lipsită de Evanghelie. În vremurile noastre avem multe „-isme": moralism, deism, materialism, naționalism, liberalism etc. Toate acestea poluează mesajul Evangheliei. Dar de unde vin ele? Dintr-o interpretare a Vechiului Testament lipsită de Hristos.

Când înveți să predici Vechiul Testament în lumina Evangheliei, acest lucru ocrotește biserica de mesaje impure. Când Îl predici pe Isus, le oferi oamenilor lapte spiritual curat (1 Petru 2:2). Vechiul Testament nu este un blog compus din lecții morale și principii de viață, nici o carte magică de incantații prin care să cerem sănătate și bogăție, și nici un manual de proceduri pentru religia civică. Vechiul Testament este Cuvântul lui Dumnezeu, inspirat de Duhul Sfânt ca să Îl reveleze pe Hristos și Împărăția Lui. Fiecare cuvânt al lui va fi înțeles greșit atât timp cât predicatorul nu vede felul în care textul își găsește împlinirea în Hristos.

Când Îl predici pe Hristos din Vechiul Testament, predici un mesaj curat.

6. O evanghelizare mai solidă. Un alt beneficiu al predicării lui Hristos din Vechiul Testamente este că ajungi capabil astfel să predici evanghelistic de fiecare dată. Nu trebuie să predici din Evanghelii ca să poți vorbi despre Evanghelie.

Nu trebuie să alegi să predici dintr-un text din Faptele Apostolilor sau din epistolele lui Pavel ca să poţi vorbi despre Isus şi despre Împărăţia Lui. Trebuie doar să deschizi Vechiul Testament, să vezi felul în care textul respectiv este îmbibat de Evanghelie, apoi să Îl predici pe Hristos!

Mai mult, nu vei mai avea niciodată nevoie să Îl ataşezi nenatural pe Isus la finalul unei predici din Vechiul Testament. Indiferent dacă predici din Lege, din Proroci sau din cărţile de înţelepciune, poţi să discuţi despre nevoia celor necredincioşi de a-L avea pe Hristos în timp ce le arăţi felul în care Hristos împlineşte textul respectiv. Nu ar trebui să ai nicio dificultate să îi chemi să se pocăiască şi să creadă ca răspuns la textul în cauză.

Când vei practica acest fel de predicare, membrii bisericii pe care o slujeşti vor fi încurajaţi să îi invite pe prietenii lor pierduţi, pentru că ştiu că vei avea un mesaj pentru ei, un mesaj care izvorăşte tocmai din textul din care predici.

5. O maturitate mai mare. Evanghelia nu se adresează doar celor necredincioşi, ci şi celor credincioşi. Noi, creştinii, nu ar trebui să ne îndepărtăm niciodată de Evanghelie, ci să pătrundem tot mai adânc în ea atunci când ajungem să ne vedem mai clar pe noi înşine şi pe Hristos. La fel cum predicarea lui Hristos din Vechiul Testament îţi dă oportunitatea de a te adresa cu Evanghelia către cei necredincioşi prin fiecare predică, ea îţi dă şi privilegiul predicării

Evangheliei către cei credincioși tot prin fiecare predică.

Biserica mea are nevoie să audă Evanghelia și implicațiile ei de fiecare dată când eu deschid Scriptura de la amvon. Și biserica ta are aceeași nevoie. Mai mult, membrii bisericilor noastre au nevoie să își cunoască Bibliile mai bine, iar predicarea lui Hristos din Vechiul Testament îi pune înaintea unor lecții care le vor fi utile în citirea devoțională a Bibliei din viețile personale.

Dumnezeu Își sfințește poporul prin Cuvântul Lui. Astfel, când Îl predicăm pe Isus săptămână de săptămână, Duhul ne transformă – până într-o zi când, prin harul lui Dumnezeu, îi vom înfățișa pe toți maturi în Hristos (Col. 1:28). Oricât ar fi de nobilă, predicarea care are oricare alt punct central va înfrâna creșterea bisericii.

4. O sfințenie mai liberă. Predicarea Vechiului Testament îi cheamă de foarte multe ori pe oameni să facă, să asculte, să fie sfinți. „Fii ca Avraam! Nu fi ca Iacov! Fii ca Moise! Nu fi ca Israel! Fii ca David! Nu fi ca Ahab! Fii ca Estera! Nu fi ca Iona! Păzește Legea! Întoarce-te de la rău! Cinstește-L pe Domnul! Roagă-te Psalmii! Trăiește înțelept!" Niciunul dintre aceste mesaje nu este greșit. Noi, creștinii, prețuim Vechiul Testament tratându-l ca fiind Cuvântul lui Dumnezeu, și vrem să trăim sfânt.

Problema nu este *că* îi chemăm pe oameni la sfințenie – ci *cum* îi chemăm. Trăirea sfântă nu poate veni decât ca răspuns la lucrarea harului lui Dumnezeu. Dragostea lui Dumnezeu vine prima. Întotdeauna. Harul precedă Legea, răscumpărarea precedă obligația, eliberarea precedă rodnicia.

Acest tipar al darului divin și al răspunsului din partea omului este stabilit clar în Vechiul Testament. Introducerea la Decalog ne oferă unul dintre multele exemple de acest fel: „Eu sunt Domnul, Dumnezeul tău, care te-a scos din țara Egiptului, din casa robiei [eliberarea]. Să nu ai alți dumnezei afară de Mine [sfințenia]" (Exod 20:2-3).

Este extrem de ușor să încețoșăm acest tipar când predicăm din Vechiul Testament. Dar nu și când predicăm în lumina lui Hristos! Dacă aduci Evanghelia în centrul pasajului din care predici, vei păstra tiparul darului și al răspunsului. Apelurile tale la sfințenie vor răsuna în contextul împlinirii aduse de Hristos și al libertății care ne-a fost dată în El. Când Evanghelia este mediul în care oamenii sunt chemați să asculte, îndatorirea devine încântare. Desigur, vor exista întotdeauna creștini care vor abuza de libertatea lor, folosind-o ca pe „o haină a răutății" (1 Petru 2:16). Dar în majoritatea cazurilor, faptul că li se reamintește de libertatea lor îi va inspira la ascultare bucuroasă, din inimă.

3. O libertate mai sfântă. Predicarea lui Hristos din Vechiul Testament nu inspiră doar o sfințenie mai liberă, ci și o libertate mai sfântă. Dacă accentul beneficiului anterior era pus pe harul eliberator al lui Dumnezeu, accentul

beneficiului de față este pus pe harul constrângător al lui
Dumnezeu. Noi, creștinii, nu suntem eliberați *de* sfințenie
– ci am fost eliberați *pentru* a fi sfinți. Dumnezeul care în-
dreptățește este Dumnezeul care sfințește.

Totuși, unii predicatori celebrează harul în detrimentul
ascultării. Pentru ei, apelurile la purtare sfântă și trăire nepri-
hănită par aproape contrare cu libertatea îndreptățirii. De
aceea, ei predică imperativele Scripturii ca să-i aducă pe oa-
meni la indicativele Evangheliei, dar rareori inversează sensul.

Această abordare a predicării lui Hristos este validă
doar pe jumătate. Este adevărat că harul ar trebui celebrat și
că eșecul nostru în chestiunile imperative ne conduce la gloria
indicativelor. Dar este la fel de adevărat – minunat de adevă-
rat – că harul curge înapoi în acest subiect, dându-ne putere
să ascultăm de Cuvântul lui Dumnezeu. Duhul lui Dumne-
zeu este Duhul *sfințeniei* (Rom. 1:4). El aplică întreaga Biblie
în viețile noastre ca Scriptură creștină, astfel încât să fim echi-
pați pentru *orice lucrare bună* (2 Tim. 3:15-17).

Cu alte cuvinte, libertatea și sfințenia merg împreună,
iar predicarea lui Hristos din Vechiul Testament le prezintă
împreună. Libertatea vine întotdeauna prima – așa cum o
fac harul, îndreptățirea și orice alt aspect indicativ al Evan-
gheliei – dar sfințenia o urmează. Este ca o căsătorie fru-
moasă între cele două! Și ceea ce Dumnezeu a unit, omul să
nu despartă!

2. O biserică mai sănătoasă. Arată-mi o biserică unde Domnul Isus Hristos stă în centrul fiecărei predici – unde Evanghelia este anunțată, aclamată și aplicată de fiecare dată când Biblia este deschisă – și îți voi arăta o biserică sănătoasă. Sau, cel puțin, îți voi arăta o biserică aflată pe traiectoria către sănătate. Nu poate fi altfel. Când Capul bisericii este onorat, trupul va prospera (Efes. 1:22-23).

Practic vorbind, doctrina Evangheliei creează o cultură a Evangheliei în biserică.[1] Când vestea bună a lui Isus umple predicarea noastră, Evanghelia reverberează de la amvon în lecțiile de școală duminicală, în strângerile din grupurile mici, în relațiile personale, în slujirile din comunitate, în misiunea mondială și în viețile noastre de zi cu zi. Tot ce se petrece în biserică începe să se schimbe, pentru că *noi* începem să ne schimbăm. Dumnezeu împinge vestea bună în toate fisurile și crevasele viețlor noastre, reparând ce este stricat și modelându-ne după chipul Fiului Său.

1. O misiune mai nobilă. Majoritatea bisericilor evanghelice au o preocupare pentru misiune. Noi ne rugăm, dăruim și mergem în toată lumea! Dar întrebarea este aceasta: Ce anume exportăm în lume? Ce anume ne străduim să răspândim printre toate popoarele pământului? Trebuie să fie ceva mai mult decât un stil anume de închinare sau o strategie

---

[1] Pentru o descriere fără egal a unei culturi a Evangheliei în biserica locală, vă recomand Ray Ortlund, *Evanghelia. Biserica întruchipează frumusețea lui Hristos* (Dascălu: Magna Gratia, 2019).

anume de ucenicizare; trebuie să fie mai mult decât ajutorul umanitar dat în Numele lui Isus; și trebuie să fie mai mult decât doar să facem misiune de dragul misiunii.

Trebuie să ne păzim în special de a trata misiunea ca un fel de strategie de branding. Facerea de ucenici din toate popoarele nu înseamnă să multiplicăm numele nostru sau al rețelei noastre de biserici. Nu înseamnă să exportăm o imagine, un sentiment sau o strategie anume. Dumnezeu ne-a chemat la o misiune mult mai nobilă. Dacă ar fi să exprim acest lucru în termenii Vechiului Testament, misiunea noastră este:

- să ne străduim să vedem cum toate familiile pământului sunt binecuvântate în Hristos, Cel ce este Sămânța lui Avraam (Gen. 12:3).
- să aducem fiii și fiicele lui Dumnezeu de departe, de la marginile pământului, pe oricine este chemat prin Numele lui Hristos (Isaia 43:6-7).
- să propovăduim moartea și învierea lui Isus, Cel ce este mai mare decât Iona, ca și pocăința în Numele Lui (Iona 2-3).
- să chemăm popoarele să Îi dea slavă Fiului și să trăiască astfel sub binecuvântarea Împăratului lui Dumnezeu (Ps. 2).
- să invităm oameni precum Rahav sau oameni precum cei din Babilon, Filistia, Tir și Cuș – popoare vrăjmașe lui Dumnezeu – la cetățenia în Împărăția cerească (Ps. 87).

- să propovăduim gloria lui Dumnezeu în Hristos printre popoare şi lucrările Lui minunate în Evanghelie printre toate Neamurile (Ps. 96:3).
- să anunţăm înălţarea Fiului Omului, Cel răstignit şi înviat, căruia I-au fost date stăpânirea, slava şi o Împărăţie, pentru ca toate popoarele şi limbile pământului să Îl slujească (Dan. 7:13-14).

Şi putem continua aşa la nesfârşit. Legea, Profeţii şi cărţile biblice ale înţelepciunii schiţează pentru noi conturu-rile Evangheliei (Luca 24:44-47). Misiunea noastră este să facem ucenici prin propovăduirea veştii bune. Desigur, structura, strategiile şi stilurile joacă un rol în lucrarea de misiune. Dar esenţa este că misiunea noastră este un mesaj: Isus Hristos este Domnul!

- *Isus* din Nazaret, Fiul întrupat al lui Dumnezeu;
- *Hristos*, Împăratul îndelung aşteptat, a cărui moarte ispăşeşte păcatul şi a cărui înviere aduce viaţă;
- *este Domnul,* aşa că te chemăm să te pocăieşti şi să crezi Evanghelia, intrând astfel în binecuvântarea Împărăţiei Lui ce va să vină.

Predicarea lui Hristos din întreaga Biblie către întreg pământul este o sarcină nobilă. Beneficiile predicării lui Hristos din Vechiul Testament sunt numeroase. Ţi-am dat aici o listă a celor mai importante zece dintre ele, dar sunt sigur că vei descoperi că lista poate fi înmulţită de zece ori.

ÎNCHEIERE

Două picturi, două direcții

Timothy George este decanul fondator al Beeson Divinity School. Pe unul dintre pereții biroului lui frumos împodobit se află un portret al lui William Tyndale. Marele reformator din secolul al XVI-lea, martirizat pentru că a tradus Biblia în limba engleză, este pictat având Biblia într-o mână și cu mâna cealaltă arătând cu degetul către ea.

Pe peretele opus stă o altă pictură, o copie a picturii lui Matthew Grünewald care ilustrează răstignirea. Pe un fundal negru este pictat Hristos cum suferă, fiind răstignit și murind. La dreapta crucii stă Ioan Botezătorul. Ioan ține o Biblie deschisă într-o mână, iar cu cealaltă mână arată către Isus. Textul sângeriu din spatele lui Ioan spune:

Illum oportet crescere, Me autem minui

El trebuie să crească, iar eu să scad.

Două picturi și două mâini îndreptate în două direcții. Un deget este îndreptat către Biblie, celălalt către Hristos. Aceasta este sarcina unică a predicatorilor creștini. Noi suntem chemați să venim în Numele lui Dumnezeu înaintea celor ce ne aud predicând, având un deget îndreptat către Biblie și unul către Isus. „Nu există nicio dihotomie", scrie

Timothy George, „între Hristos şi Biblie, între carte şi cruce... Biblia este preţioasă pentru că ea ne îndreaptă către Isus Hristos".[1]

Fraţi predicatori, iată de ce predicile noastre din Vechiul Testament au nevoie să fie mântuite. Pentru că Biblia noastră preţioasă ne îndreaptă către Isus Hristos.

Se pot scrie mult mai multe lucruri despre predicarea lui Hristos din Vechiul Testament. Dar abordarea simplă explicată în acest manual te va echipa ca să Îl propovăduieşti pe Hristos mai credincios decât alţii, şi, sper, să Îl iubeşti mai mult tu însuţi.

---

[1] Timothy George, "Between Two Paintings," *JBDS* 1 (2006): 1. Jocul interesant de cuvinte (picturi/direcţii) îi aparţine lui George. Cele două picturi sunt *Răstignirea* (Matthias Grünewald, cca. 1480-1528; o pictură pentru altarul din Isenheim, Mănăstirea St. Anton; expusă în prezent la Muzeul Unterlinden din Colmar, Franţa), şi *William Tyndale* (artist necunoscut, sf. sec. al XVII-lea sau începutul sec. XVIII, Hertford College, Oxford).

ANEXA A

Întrebări pentru interpretarea biblică

Pasul 1: TEXTUL

Care este ideea centrală a pasajului, în contextul lui din Vechiul Testament?

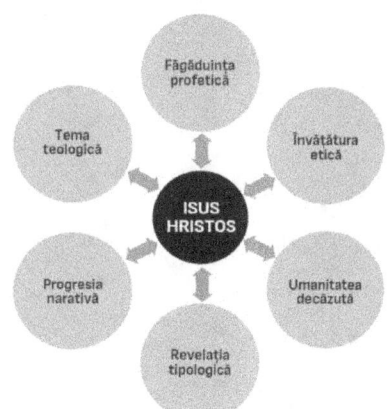

Pasul 2: HRISTOS

Cum este împlinită în Hristos principala idee a pasajului?

Pasul 3: NOI

În ce fel păstrează, reformulează sau abrogă Evanghelia ideea centrală a pasajului?

ANEXA B

Biblia ebraică

LEGEA	PROFEȚII	CĂRȚILE ÎNȚELEPCIUNII
Geneza	Iosua	Psalmi
Exod	Judecători	Proverbe
Levitic	1-2 Samuel	Iov
Numeri	1-2 Împărați[1]	Cântarea Cântărilor
Deuteronom	Isaia	Rut
	Ieremia	Plângerile lui Ieremia
	Ezechiel	Eclesiastul
	Osea	Estera
	Ioel	Daniel
	Amos	Ezra
	Obadia	Neemia
	Iona	1-2 Cronici
	Mica	
	Naum	
	Habacuc	
	Țefania	
	Hagai	
	Zaharia	
	Maleahi[2]	

---

[1] Cărțile de la Iosua la 2 Împărați sunt considerate cărțile profeților timpurii.
[2] Cărțile de la Isaia la Maleahi sunt considerate cărțile profeților târzii.

MULȚUMIRI SPECIALE

Vreau să le mulțumesc lui Mark Dever și celor doi Garrett, Kell și Conner, care m-au încurajat să „scriu aceste lucruri". Desigur, ați fi scris mai bine, dar cartea de față n-ar fi existat fără imboldul vostru inițial.

Le mulțumesc lui Scott și Juliana Ruggiero pentru că și-au deschis frumoasa lor casă din Virginia pentru anul meu sabatic. Familia mea nu va uita niciodată timpul petrecut alături de voi, așa cum este de regulă atunci când râsetele și rugăciunea abundă... ca și ninsoarea neașteptată... și o cabrioletă veche, interesantă.

Le mulțumesc celor doi ninja ai cărților, Alex Duke și Jonathan Leeman. M-ați uimit cu gândurile voastre despre imaginea de ansamblu și cu abilitățile voastre de rafinare a ideilor. Apreciez tot ce ați făcut pentru mine.

Le mulțumesc celor de la Moody Publishers pentru că mi-au oferit această oportunitate. Drew Dyck, tu ai făcut ca această carte să vadă lumina tiparului. Kevin Mungons, ai făcut ușor acest drum.

Îi mulțumesc bisericii mele, Concord Baptist Church, din Chattanooga, Tennessee. Dorința voastră fierbinte de a auzi Cuvântul mi-a dat atât de mult spațiu ca să cresc în slujirea de predicator. Sunt fericit că încă vreți să ascultați predicile mele, după toți acești ani! Întrucât Hristos continuă să fie propovăduit printre noi, fie ca noi toți să fim înfățișați maturi în El (Col. 1:28)!

Le mulțumesc lui Casey, Ethan și Amelia pentru că m-au înveselit continuu! Încântarea voastră pentru tati înseamnă mai mult decât pot exprima în cuvinte. Voi sunteți pietrele prețioase din Anniera.

Îți mulțumesc, Natalie... pentru tot. „Multe fete au o purtare cinstită, dar tu le întreci pe toate" (Prov. 31:29).

IX **9Semne**

Zidind Biserici Sănătoase

ESTE SĂNĂTOASĂ BISERICA TA?

*9Marks există pentru echiparea liderilor bisericii cu o viziune biblică
și cu resurse practice pentru ilustrarea gloriei lui Dumnezeu înaintea
popoarelor, prin biserici sănătoase.*

În acest scop, vrem să ajutăm bisericile să crească în practicarea a nouă semne ale sănătății, semne care sunt adesea ignorate:

1. Predicarea expozitivă

2. Învățătura Evangheliei

3. O înțelegere biblică a convertirii și evanghelizării

4. Membralitatea biblică în biserică

5. Disciplina biblică a bisericii

6. O preocupare biblică pentru ucenicizare și creștere spirituală

7. Conducerea biblică a bisericii

8. O înțelegere biblică a practicii rugăciunii

9. O înțelegere biblică a practicii misiunii.

La 9Marks, noi scriem articole, cărți, recenzii și o revistă online. Organizăm conferințe, înregistrăm și difuzăm interviuri și producem alte resurse pentru echiparea bisericilor ca să ilustreze slava lui Dumnezeu.

Vizitează pagina noastră de internet unde poți găsi resurse în peste 40 de limbi de pe glob și abonează-te la revista noastră distribuită gratuit online. Lista completa a tuturor paginilor noastre de internet în alte limbi este următoarea: 9marks.org/about/international-efforts/.

Engleză: 9marks.org | Română: ro.9marks.org

MAGNA GRATIA

Noi vestim Evanghelia harului

Asociația MAGNA GRATIA este o organizație non-profit care își concentrează eforturile pe proclamarea Evangheliei prin literatură consecventă doctrinar, prin evanghelizare și echiparea bisericilor evanghelice de limba română.

Dacă ai fost binecuvântat citind această carte, poți ajuta la binecuvântarea altui credincios, prin unul sau mai multe lucruri, după cum urmează:

1) Recomandă mai departe această carte!

2) Vizitează paginile noastre de internet la **magnagratia.org** și *află mai mult despre lucrarea noastră, și citește GRATUIT cele peste 250 de cărți ale unora dintre cei mai buni autori creștini din istorie.*

3) Rămâi conectat la noutățile MAGNA GRATIA prin a vizita pagina noastră de Facebook la www.facebook.com/MagnaGratia-Romania și prin a te abona pe website, așa încât să fii anunțat când publicăm noi resurse.

4) Spune și altora despre lucrarea noastră.

5) Roagă-te pentru noi.

6) Donează și ajută-ne să mergem mai departe cu această lucrare. Donațiile se pot face online, www.magnagratia.org/donatii.html

Pentru orice alte informații, scrie-ne la contact@magnagratia.org. Mulțumim!